주식의 신
100법칙

KABU NO ONI 100 SOKU
© **KATSUTOSHI ISHII 2019**

Originally published in Japan in 2019 by ASUKA PUBLISHING INC., TOKYO,
Korean translation rights arranged with ASUKA PUBLISHING INC., TOKYO,
through TOHAN CORPORATION, TOKYO, and EntersKorea Co., Ltd., SEOUL.

———

이기는 투자의
백가지 철칙

주식의 신
100법칙

돈을 잃어본 사람만이 아는 상승 법칙

이시이 카츠토시 지음 오시현 옮김

지상사
Jisangsa

서문

　당신은 주식 투자를 해서 좋은 성과가 나고 있는가?

　서점에 가보면 '주식 투자로 1억을 벌었느니 2억을 벌었느니'하는 책이 넘쳐나는데, 실상은 어떨까?

　실력보다는 운이 좋아서 성공했으리라고 생각되는 책도 꽤 많다.

　야구 시합에서 홈런을 치고, 축구 시합에서 골을 넣고, 골프 경기에서 홀인원을 하고 주식 투자로 대박을 낸다.

　실제로 있는 일이다.

　하지만 그것이 우연이어서는 곤란하다.

　"항상 이긴다."

　항상 이기는 법칙을 내 것으로 만들고 실전에서 부딪쳐가며 잘못된 점을 수정하는 그런 투자자가 되어야 한다.

　스포츠는 물론 모든 일은 '기초를 쌓고 나서 실전에 임하는 것'이 성공률을 높이는 핵심이다.

　"유명 블로거가 알려주는 종목으로 거래하면 되겠지."

그런 투자를 '묻지 마 투자'라고 한다.

"뭘 사면 돈을 벌까요?"

개인투자자들은 대부분 이렇게 묻지만 이것은 바람직한 마인드가 아니다.

이 책에서는 '주식으로 수익을 내고' '자산을 만들기 위한' 100가지 법칙을 다룬다.

45년간의 투자 경험을 바탕으로 열정을 담아 그 내용을 전한다.

솔직히 수없이 실패하고 넘어졌다.

그러나 그 실패에서 많은 것을 배웠다.

내가 실패를 극복하고 이 책에 쓴 100가지 법칙을 참고로 당신은 주식 투자의 승자가 되기를 바란다.

이 책을 읽는 당신에게 행운이 깃들기를 기도한다.

－경제평론가 이시이 카츠토시

차례

이 시대 시장의 움직임 15가지 법칙

시장을 움직이는 15가지 법칙

3장

매매 타이밍의 9가지 법칙

기술적 기법의 15가지 법칙

5장

숫자의 신이 되는
6가지 법칙

6장

종목 선택의
9가지 법칙

7장

투자전략의 신이 되는
14가지 법칙

8장

지정학적 리스크에 대처하는 8가지 법칙

9장

주식 거래로 패배하는 9가지 법칙

이 시대 시장의 움직임 15가지 법칙

어떤 종목에 투자해야 하냐는 질문을 끊임없이 받지만, 내 대답은 항상 같다. 누구의 말도 믿지 마라. 당신이 잘 아는 것만 투자하면 성공할 수 있다.
짐 로저스(Jim Rogers)

버크셔가 매수할 때는 다른 투자가들이 레밍처럼 일제히 던질 때다.
워런 버핏(Warren Buffett)

명인(名人)은 주가의 공포를 안다.

실적과 주가는
연동하지 않는다

기업의 재무정보와 산업별 경쟁사에 관한 정보를 제공하는 〈사계보(四季報)〉나 인터넷을 통해 기업 실적 동향을 보고 변화율이 높은 종목을 골라서 사면 손실이 나지 않을까!?

그렇다면 아무도 주식 때문에 고생하지 않을 것이다.

실제로는 '상반기 실적 대폭 상향 수정 발표'라는 어느 누가 봐도 기업에 대한 좋은 뉴스가 나왔는데도 주가가 계속해서 떨어지는 일이 비일비재하다.

그래서 사람들은 어떻게 해야 할지 몰라 손실을 떠안은 채 멍하니 있는가.

이 책의 목적은 그런 사람들에게 주식 투자에 대한 힌트를 주어 '승률'을 높이는 것이다.

설대로 '단기간에 1억 만들기!'를 알려 주는 책이 아니라는 점을 기억하자.

먼저 주가가 크게 상승하는 요인은 실적이 아니라 재료의 크기라는 점을 알아야 한다.

실적이 좋으면 주가가 오른다는 생각은 착각이다.

실적도 재료 중 하나이지만 주식 시장이 원하는 '꿈'과는 좀 거리가 있다.

주가는 '깜짝 놀랄 정도의 재료가 나왔을 때' 크게 변동한다.

예를 들어 죽은 사람도 살릴 수 있는 신약을 개발했다고 하자.

드디어 임상 시험에 성공해 실용 단계에 들어갈 것 같다.

이런 재료가 나오면 시장은 화들짝 놀라고 매수하려는 사람들이 순식간에 모여든다.

꼭 약이 아니라도 앞으로 그 기업의 실적에 좋은 영향을 미칠 것 같은 정보가 퍼지면 투자자들의 자금이 그쪽으로 쏠린다.

지금 현금 흐름이 좋지도 실적이 좋지도 않은데 말이다.

오히려 엄청난 적자를 내고 있고 배당도 지급하지 않는다.

아니, 전년도보다 실적이 악화했는데도 재료 하나로 주가가 뛴다.

이것이 바로 이상한 주식의 세계다.

주식 투자를 하는 사람이라면 이 점을 꼭 기억해야 한다.

실적이 좋아도
주가는 폭락한다

실적이 좋다고 반드시 주가가 그와 연동해서 오르진 않는다.

심지어 전례 없는 실적이 발표된 순간 주가가 급락하는 일도 있다.

예를 들어 로봇이 로봇을 만드는 공장으로 유명한 야스카와전기(安川電機)를 보자. 야스카와전기는 3분의 1의 작업자로 생산 속도를 3배 향상하는 야스카와 솔루션 팩토리, 즉 공장의 스마트화를 통해 생산 효율을 높였다. 그 결과 '자동화·성력화(省力化)'에 성공해 실적이 확 올랐다. 하지만 주가가 그에 연동해 상승하진 않았다.

시장의 주가가 전반적으로 우상향일 때는 대표적인 인기 종목이었다. 인구 감소로 말미암은 '인력 부족, 자동화'는 시대의 흐름이다. 그 흐름에 올라탄 기업들의 실적이 좋은 것은 당연하며 자금도 그곳으로 집중되었다. 그러므로 전년 대비 실적이 좋으면 PER(Price earning ratio, 주가수익비율)이 떨어지고, 그만큼 주가가 올라서 시장의 평균적인 PER에 접근해야 한다. 이론적으로는 그렇다.

그런데 현실에서는 그렇게 되지 않는다. 이것이 일반 투자가가 '주식으로 수익이 나기는커녕 손해만 보게 되는' 가장 큰 요인이다.

실적이 전년보다 좋다. 그러니 주가가 오를 것이다.

그런 상식적인 예측을 하며 매매했는데, 그 예상이 완전히 빗나간다.

결과적으로 **실적이 좋은 기업의 주식을 실적 발표 전에 '실적이 좋겠지?'라고 예측했던 사람은 그 예측이 맞았는데도 주가 하락으로 눈물을 머금고 손절하거나 버티기에 들어가게 된다.** 실적이 좋은데도 주가가 하락한다. 그렇다면 대체 어떤 기준으로 주식을 사야 한단 말인가?

일반적으로 주식 투자를 다루는 책을 보면 '실적이 좋은 기업의 주식을 사라'고 가르친다. 하지만 그 말을 곧이듣고 주식을 매매하면 손해를 볼 수 있다.

주식이라는 것은 **'재료가 선반영되는'** 속성이 있다. 이 점을 모르면 주식 거래를 할수록 손실이 눈덩이처럼 커질 것이다.

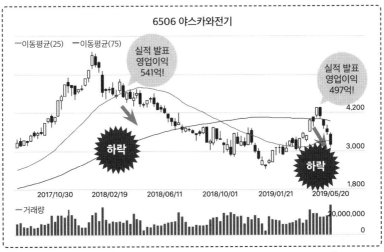

*http://minkabu.jp

적자가 나도
주가가 오른다

적자가 나도 주가가 오른다. 적자라는 실적 발표가 났는데, 주가가 반등하는 일이 있다.

주식 시장은 그야말로 '변덕쟁이'다.

전년도보다 실적이 악화했는데도 주가가 오른다.

그 이유는 '실적 해석'이다.   다시 말해 '생각만큼 나쁘진 않았기' 때문이다.

'누구'의 '생각'일까?

그 기업의 주가를 점치는 전문가들의 예측이다.

이것이 곧 시장의 투자 의견이 된다.

그 투자 의견 따위를 어떻게 생각하고 발표하는지는 우리 일반 투자가들은 알 도리가 없다.

이것은 전문가와 소위 말하는 '세력', 펀드에 좌우되기 쉬우며 주가를 움직이고 차익 실현을 하기 위한 구실로 이용되는 종목조차 있다.

아무튼 앞에서 말했듯이 주가는 과거를 사는 것이 아니라 내년도, 또 내년도를 '선반영'하는 특징이 있다.

현재 나타난 실적이 아무리 나빠도 그 실적으로 말미암은 적자를 덮고 **반전, 즉 거대한 이익 실현을 꿈꾸게 하는 어떤 재료가 명확히 있다면** '주가 선반영'이 강하게 나타나고 투자자와 펀드가 그것을 놓치지 않고 달려든다.

이것이 '적자→거대한 이익 실현'이라는 순서로 진행되리라는 분위기가 조성되면 당장의 적자는 미래의 꿈을 실현하기 위한 준비로 해석되어 전혀 문제시되지 않는 것이다.

이런 움직임을 이해하고 활용하지 못하는 투자자에게는 기회가 오지 않는다.

3994 머니포워드(Money Forward)

—이동평균(25) —이동평균(75)

상승

4,250

3,700

3,150

2,600

2018/11/22   2018   적자 실적 발표   19/01/18   2019/02/13   2019/03/08   2019/04/03

—거래량

550,000

0

2018년 11월기 실적 발표에서 적자 공시가 났지만, 주가는 반등했다

*http://minkabu.jp

나쁜 뉴스가
주가를 올린다

나쁜 뉴스로 주가가 상승하다니 이게 무슨 소리인가 싶을 것이다.

이것도 '적자 발표가 나면 주가가 오르는' 것과 같은 맥락의 이야기다. 실은 주식 시장이 가장 싫어하는 것은 **'뭔지 모르게 확실하지 않은'** **'불안한'** 상태다.

사람들은 기대감에 주식을 산다.

'앞으로 더 나빠질 것 같다', '좋아질지도 모르지만 분명하지 않다' 이것이 가장 좋지 않은 상태다.

2016년 6월의 국민 투표로 결정된 영국의 EU 탈퇴 문제는 영국에 진출한 수많은 기업에 충격을 주었다. 그로부터 2년이 지나도록 구체적인 이탈 조건이 영국의회와 EU 사이에서 정해지지 않아 불안감이 커지고 있었다.

이런 상황에서 2019년 2월, 혼다는 '영국의 생산 공장을 폐쇄하겠다'고 밝혔다.

그러자 혼다의 주가가 급등했다.

원래 공장 폐쇄는 매출 부진이나 경영 악화라는 요인이 없으면 결정되지 않는다. 혼다의 공장 폐쇄는 '좋은 뉴스'는 아니었다. 엄청난 자금을 쏟아붓고 종업원을 교육하고 물류 공급망을 구축한 투자 행위가 물거품이 되므로 이것은 분명히 '나쁜 뉴스'다.

하지만 시장이 이 뉴스로 듣고 **'불순물이 제거되었다'**고 판단하면 그 기업의 주가는 상승한다.

어떤 뉴스가 플러스인지 마이너스인지는 시장이 정한다.

개인투자자는 그 점을 고려해 유연하게 대응해야 한다.

영국의 생산 공장 폐쇄를 명확히 밝힌 2월 19일부터 급등했다

*http://minkabu.jp

기업 불상사는
오히려 기회다

"기업 불상사가 기회라니 말 같지도 않은 소리하네"

이렇게 생각할 수도 있다.

하지만 주식 투자를 할 때 도덕이라는 잣대는 잠시 내려놓자.

모든 일을 기회로 해석하고 돈을 투입하는 냉철함이 없으면 절대로 돈을 벌 수 없다.

사실 기업 불상사는 주가에 밀접한 '기대감을 주는' 행위와 정반대 위치에 있다. 기업 브랜드 이미지를 훼손하는 사건이 터지면 주가는 백발백중 하락한다.

식품업계에서는 간혹 그런 사건 사고가 발생한다.

좀 옛날이야기지만 2006년, 대형 양과자 제조업체인 후지야가 유통기한이 지난 우유를 사용해 문제가 된 적이 있었다.

내부 고발자의 폭로로 이듬해 2007년에야 밝혀졌고 기업의 고질적인 은폐 체질이 보도되자 마트와 식품점 선반에서 후지야의 제품이 일제히 내려졌다. 당연히 주가가 폭락했고 한때는 PER 1배인 117엔(주식은 뒤에 1000주를 100주로 통합했다)이 깨질 것이라고 예측되었다.

하지만 그 사태가 터진 뒤 주가는 2개월간 급등했다.

그 뒤 수익 실현을 위한 매물이 나오면서 주가가 하락했지만 리소나 은행(일본의 시중은행)의 중개로 야마자키제빵의 업무 지원을 받고 기업 재생에 성공해 지금은 2,000엔대(통합 전 200엔에 해당함)를 유지하고 있다. (지금은 야마자키제빵이 대주주)

물론 투자한 기업이 불상사로 파산하면 주식 투자는 실패로 끝난다.

하지만 관련 기업이나 탄탄한 모회사가 받쳐 주고, 그 기업의 브랜드력이 건재하다면 장기적으로 볼 때, 그 기업은 일어날 수 있다.

그 가능성에 거는 용기가 훗날 주가가 회복했을 때 커다란 수익을 안겨줄 것이다.

2006년 말 유통기한이 지난 우유를 사용한 문제가 2007년 초에 발각되어, 주가는 일단 하락한 뒤 급등했다. 매도 시점을 바르게 파악해야 한다.

*http://minkabu.jp

'개성 있는 미인'에게
표가 모인다

주식 시장에는 예부터 '주식은 미인 투표'라는 말이 있다.

'겉보기에 좋고 여러 사람이 좋아할 만한 종목에 자금이 몰린다'는 뜻이다.

하지만 시대는 빠른 속도로 변하고 있다.

보기 좋은 종목이 투자 대상으로도 좋다 = 주가가 상승한다는 도식이 통하지 않는 경우가 많아졌다.

대표하는 종목을 꼽아보자면 도요타, 소니, 파낙(산업용 로봇), 가오(화장품), 후지쓰 등 열 손가락으로는 모자라는 많은 기업이 떠오를 것이다.

하지만 이런 대표 종목에 투자해도 개인투자자의 자산은 별로 늘지 않는다.

대중적인 브랜드는 아니지만 한때 인기를 끈 라사공(4022)이라는 중견 화학기업이 있다. '고순도 흑린 양산기술을 확립했다'는 보노가 나오자 라사공의 주가는 상한가를 기록했다. (+400엔)

라사공은 반도체용 원료인 '인산'을 만드는 업체다. 일반인은 잘 알지 못하는 재료이고 위험한 식품첨가물이므로 대중에게 좋은 이미지를 주는 기업은 아니다. 하지만 사물인터넷 시대에 산업의 핵심은 반도체이므로 전문가와 세력의 주목을 받았다.

전형적인 미인이 아닐지는 몰라도 **눈에 띄지 않고 일반인에게 잘 알려지지 않은 기업도 '대단한 일을 하고 있을'** 가능성이 있다.

개인의 '취향'이나 인지도만으로 종목을 선택하지 않고 **숨은 다이아몬드를 찾아내 'my 종목'에 넣어서 수익을 내는 것이 중소기업 종목에 투자하는 비결이다.**

내가 잘 모르고 좋아하지 않는 종목은 아예 쳐다보지 않는 사람이 꽤 많다.

하지만 그것은 주식 투자로 성공하는 길을 스스로 피해가는 행동이다.

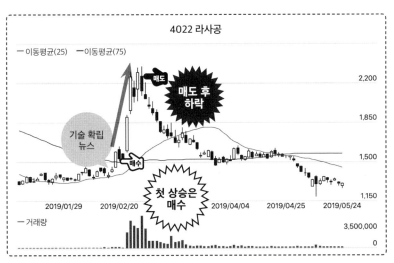

고순도 흑린 양산기술을 확립했다는 뉴스로 급등

*http://minkabu.jp

07

실적 안정이
주가를 떨어뜨린다

'안정적'이고 '절대 파산하지 않는 기업'이라는 점은 주식 투자에서 꼭 최대의 강점으로 작용하지는 않는다. 이점을 잘못 판단하면 아무리 자금이 많아도 주식으로 자산을 늘릴 수 없다.

예를 들어 도쿄전력은 2011년 동일본대지진이 일어나기 전까지만 해도 안정적인 주식의 대표 주자였다. 도쿄전력은 인구 증가가 계속되는 도쿄가 중심인 관동지구에 전력을 독점 공급하는 기업이다. 실적이 악화할 요인을 전혀 찾을 수 없었다.

펀드는 물론 개인투자자도 장기 투자를 해서 배당을 받기 위해 도쿄전력 주식을 대거 보유하고 있었다. 증권사 등 투자신탁도 이 종목을 보유했다. 그런데 동일본대지진이 일어났다. 이 사태를 누가 예측할 수 있었겠는가.

그러면서 직접적인 피해를 거의 입지 않은 간사이전력(관서지구 전력 공급)까지 주가가 폭락했다. 3기 원전이 멀쩡했는데도 말이다.

얼핏 안정적으로만 보였던 전력회사도 실은 '원전'이라는 위험 요소를 안고 있었다는 말이다.

우리는 이쯤에서 **주식 투자의 강점은 '변화율'**임을 알아야 한다.

앞으로 실적이 2배, 10배로 뛰어오르기를 기대할 수 있는가? 그런 일을 하고 있는가? 안정적이기만 한 기업에는 돈이 모이지 않는다.

투자가가 돈을 내놓아 그 자본으로 전망이 있는 일을 해서 사회에 기여해야 한다.

변함없이 안정적이기만 해서는 만에 하나 일어날지도 모르는 리스크에 대응할 수 없다.

매력이 없으니 자금은 다른 곳으로 흘러가고 자연히 주가가 떨어진다. 이 틀에 갇혀 옴짝달싹하지 못하게 된다.

2011년 3월 동일본대지진이 발생해 크게 하락한 간사이전력.
안정적으로 경영했지만…

*http://minkabu.jp

08

불확실함이
기대를 부풀린다

주식 투자는 수많은 위험 요소를 갖고 있다.

당연히 하이리스크다.

주식은 기업 활동에 대해 돈을 내고 참여해 그 결과를 나누어 갖는 것이다. **즉 내 돈으로 사업이라는 불확실한 일에 참여하는 행위다.**

어떤 분야에 투자할지는 각자의 판단에 따라 다르므로 '이 분야가 최고'라고 정해진 것은 아니다.

하지만 예를 들어 도요타자동차는 세계적인 자동차 제조업체이지만 그 기업이 앞으로 10배로 실적을 올리기란 불가능하다.

그런 이유로 단기간에 수익을 내고 싶어 하는 투자자는 도요타에 돈을 투자하지 않고 **앞으로 수요가 몰릴 사업에 시선을 돌린다.**

예를 들어 의료, 인공지능, 우주개발 같은 분야다.

요즘 2명 중 1명은 암으로 사망한다.

그래서 여러 기업이 암을 치료하는 신약 개발에 집중한다. 제4의 치료법이라고 불리는 면역요법이 주목을 받고 있는데, 옵디보(Opdivo)라는 면역항암제를 개발한 오노약품(4528)이 대표 주자라 할 수 있다.

교토대학의 혼조 다스쿠 명예교수는 옵디보에 쓰이는 T세포 표면에 발현된 PD-1 단백질을 발견해 2018년, 노벨생리의학상을 수상했다.

오노약품의 주가를 살펴보면, 아직 옵디보가 승인될지 '불확실'한 때는 주가가 우상향을 거듭해 3년 만에 6배로 올랐다.

하지만 폐암이나 위암 등에 잇달아 승인 허가가 났는데도 최근에는 이렇다 할 움직임이 없다. 제품 가격이 억제된 것도 한몫해 최근에는 횡보 추세를 보이고 있다.

더 이상 불확실하지 않고 모든 사람이 알게 되어 매력을 잃었기 때문이다.

기대하던 신약 옵디보 개발에 성공한 오노약품. 2015년 말, 폐암 치료제 승인을 받고 적용 범위가 확장되었으나 주가는 하락했다.

*http://minkabu.jp

09

●기사가 뜨면
주가가 오른다

주식 시장에는 '**뉴스 기사에 뜨면 끝**'이라는 말이 있다.

기업이 확실하게 성장할 만한 재료라도 기사가 떠서 모두 알게 되면 매수하려는 사람이 줄어들어 그때가 정점(상투)이라는 뜻이다.

어떤 의미에선 맞는 말이다. 실제로 주가가 그런 식으로 움직일 가능성이 크다. 하지만 《주식의 신 100가지 법칙》은 남들과 같은 길을 가라고 하지 않는다. **다른 사람과 반대로 가고 허를 찌른다.** 이렇게 생각해야 시장의 승자가 될 수 있다.

'메뚜기 타워'라는 말이 있다.

어떤 종목이 움직이기 시작하면 순식간에 개인투자자들의 돈이 몰려들어 미친 듯이 올랐다가 정점을 찍고 폭락한다. 이 모습이 벼 이삭을 향해 몰려드는 메뚜기무리 같다고 해서 그런 이름이 붙었다.

이렇게 투자하는 방법은 '편승'이다. **재료가 발표되면 재빨리 '올라탄다' 탑 꼭대기가 보이면 '먼저 빠져나간다'.** 탑 꼭대기가 어디인지 주가가 상승할 때는 보이지 않으므로 너무 욕심 부리지 말고 적당할 때 빠져나가는 것이 중요하다. 예를 들어 생명공학회사인 선바이오는 재생세

포의약 분야의 인기 종목으로 발전해 만성 뇌경색을 대상으로 한 임상 시험에 들어가, 한때 대단한 인기를 모았다.

뇌경색 환자는 꾸준히 늘고 있으므로 이 재생 세포가 큰 수익을 낼 것이라는 기대감에 주가가 급등했고 매수가 매수를 불러일으키며 주가는 계속 상승했다. 이때는 모두 꿈에 부풀어 있었다.

하지만 2019년 1월 말, 임상 시험에 실패했다는 보도가 나오면서 주가는 폭락했다.

난이도가 있지만 호재가 나오면 올라타는 방식이 지금은 대세이니 메뚜기 타워도 해볼 만하다.

물론 적절한 시점에 잘 빠져나가야 한다.

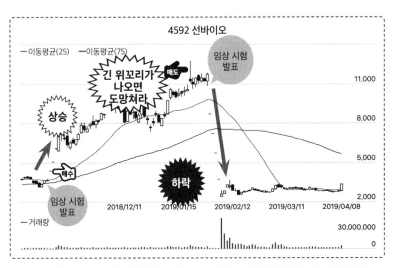

임상 시험 항목을 통과해 제품화될 것이라는 기대감이 커져 인기를 모은 2018년 11월부터 상승하다가 2019년 1월 임상 시험 실패로 하락

*http://minkabu.jp

엔 강세여도 상승하는
수출주가 있다

무역 수지는 기본적으로 자원 수입은 크게 적자이고 자동차, 전기제품 등의 수출 품목이 흑자를 내서 적자를 상계해왔다.

최근에는 다양한 수출 아이템이 있어 무역 수지에 변동성을 주고 있다.

이 수출 산업에는 환율이 크게 영향을 미친다. 특히 엔고는 심각한 타격을 준다.

하지만 '엔고=실적 악화'라는 고정된 사고로는 주식 시장에서 승자가 될 수 없다.

경제를 견인하는 수출 산업은 일반적으로 엔고일 때 크게 영향을 받는다.

하지만 여기서는 펀드의 움직임을 함께 고려해야 한다.

투자 포트폴리오를 중시하는 펀드나 투자 신탁의 경우, 어쩔 수 없이 수출 관련 종목을 집어넣어야 한다.

따라서 수출 관련주 중에서도 '엔고 저항력이 있는 기업'이 엔고인 상황에서 높이 평가받는다. 그 대표가 소형차 업체인 스즈키다.

도요타나 혼다, 스바루가 북미를 상대로 영업해 엔고의 영향을 정통으로 맞는다. 인도와 동남아시아가 주력 시장인 스즈키는 달러 대비 10엔의 엔고 상태에서도 영업이익에 약 1엔 엔고분 마이너스로 끝난다.

그래서 기관투자자는 엔고 상계 효과를 위해 스즈키를 포트폴리오에 넣는다. 당연히 스즈키의 주가는 오른다. 같은 경향의 종목으로 소니와 스타렌전기도 있다.

*http://minkabu.jp

시장 콘센서스 수치를
고려하라

개인투자자가 때로 원망스럽게 생각하는 것이 '시장 컨센서스(전망치)' 수치다. 이것은 **예상중앙치라고도** 한다.

증권사나 조사 기업의 분석가가 예상한 기업 실적 예상치이다.

주가는 이 수치에 근접해 '매수 또는 매도'되는데, 현 주가는 이미 이 예상중앙치, 즉 컨센서스를 배경으로 존재한다. 예를 들어 결산 수치나 예상치가 이보다 낮으면 **'과도한 매수세에 대한 조정'**이 발생해 주가가 하락한다.

만약 어떤 기업의 영업이익률이 20%나 되었지만 컨센서스가 25%였다면 주가가 급락하기도 한다.

"20%나 이익이 났는데, 주가가 하락하다니!"

"증권사의 꼼수야!"라고 원망한들 아무 소용이 없다.

예를 들어 2017년에 텐버거(10배 상승 종목)를 달성한 기타노다쓰진 코퍼레이션도 이듬해 중반이 되자 언덕에서 굴러 떨어지듯 장기 하락을 겪어야 했다. 실적이 좋은데도 말이다.

나는 범인이 '컨센서스'라고 본다. 컨센서스 수치가 높고 이를 밑도는 '좋은 실적'인 기업의 주식은 매도된다.

이미 주가에 예상 실적이 선(先)반영되어 있으므로 컨센서스 이하인 경우에는 매수세가 들어올 요소가 없을 뿐 아니라 주가 자체가 고(高)평가되었다고 인식되기 때문이다.

호재가 나와도 '이미 알고 있어'라는 식으로 외면당한다.

이런 구조를 알지 못하고 혼자 낑낑거리면 주식으로 수익을 낼 수 없다.

2017년에는 주식 분할에 이어 10배로 성장했지만 과도한 매수세 조정이 발생해 이듬해 중반 이후 지지부진한 흐름을 보이고 있다.

*http://minkabu.jp

폭락했을 때야말로
절호의 매수 기회다

내가 '틀림없이 수익이 난다'고 유일하게 단언할 수 있는 것은 개별 종목의 상황이 아니라 주식 시장 전체가 무너졌을 때 오는 '매수 기회'다.

예를 들어 2016년 11월에 정치 경험이 전무한 사업가 트럼프가 만인의 예상과 달리 클린턴 상원의원을 제치고 대통령 선거에 승리하자 뉴욕 증시는 급락했다.

그에 따라 세계 증시도 하락했다.

그때 나는 "곧 회복되겠지. 어떤 사건이나 테러가 일어난 게 아니니까"라고 생각해 무난한 종목인 도요타를 매수했다.

아니나 다를까, 다음날 뉴욕 증시는 급반등했다. 도요타주도 이에 끌려가듯이 상승했고 나는 즉시 수익을 실현했다.

이렇게 시장이라는 것은 **눈사태처럼 무너지는 때가 있다. 지나치게 무너졌을 때는 회복하기 위해 반등한다. 이런 경우는 틀림없는 매수 기회다.**

'대 바겐세일'로 저렴한 주식을 살 수 있는 시점이기 때문이다.

투자자를 전율하게 한 리먼 브라더스 사태도 그랬다. 미국의 금융 기관이 파산하면서 금융 위기가 터졌는데, 그때는 '서브프라임 모기지가 얼마나 영향을 미칠지 알 수 없다'며 보이지 않는 유령을 두려워한 나머지 주가는 무섭게 추락했다.

하지만 이렇게 큰 사건이 일어나면 미국 정부는 반드시 금융 정책을 펼친다.

그리고 결국 회복한다.

앞으로 핵전쟁이 일어나진 않더라도 **세계적인 긴장 국면이 올 수는 있다. 그에 따른 급락 시에는 '매수'해야 한다.**

그런 용기가 있는 사람만이 소수의 승자가 될 수 있다.

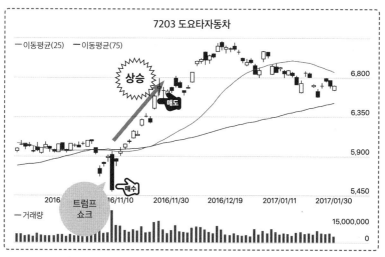

도요타는 2016년 11월의 트럼프 쇼크로 급락했으나 다음날 거뜬히 일어났다.

*http://minkabu.jp

폭등에
내일은 없다

앞의 내용과 정반대이지만 부자연스러운 급등, 분위기를 타고 일어난 주가는 폭등한다.

그리고 다음에는 반드시 '폭락'이 있다는 것을 잊어선 안 된다.

이제 참신함을 잃고 상투적 용어가 된 '인바운드'라는 말을 생각해보자.

2016년경부터 중국에서 일본으로 온 관광객들은 지갑을 열고 폭탄쇼핑을 해 일본 내수 시장의 분위기를 띄웠다.

주로 화장품 관련주가 수혜를 입었다.

고세, 시세이도, 가오 등을 비롯한 화장품·미용 관련주는 수출 관련주가 조정을 받는 것과 대조적으로 하늘을 찌를 듯한 기세로 상승했다.

하지만 아무리 기세등등해도 매수가 지나치면 빛이 바래기 마련이다.

'아직 더 가겠지!'라고 생각했던 개인투자자들과는 달리 펀드 상품의 수익 실현을 위한 매도세가 강하게 일어나 그때까지의 기세는 어디로 갔는지 모르게 주가가 하락했다.

그 어떤 종목도 아무리 환경이 좋아도 그 재료에 대한 '약발이 떨어질 때'가 반드시 온다.

그러면 갑자기 방향이 바뀐다.

이 점을 명심하지 않으면 어느 날 정신을 차려보니 자신의 계좌에 손실이 점점 부풀어 오르고 있을 것이다.

물론 펀드 상품 해지와 수익 실현을 위한 매도세가 끝나면 다시 매수세가 들어오기도 하지만 더 올라갈 것을 예상해 고점에 잡은 사람에게는 지옥이 따로 없다.

절대 방심하면 안 된다.

인바운드 붐이 불어 상승했지만 과도한 매수세로 하락했다.

*http://minkabu.jp

목표주가는
거짓이다

개인투자자에게 신뢰를 잃은 수치가 있으니 그것은 바로 **'목표주가와 기업 신용등급'**이다.

이것이 발표되면 주가가 하락한다는 말이 있다.

왜 그럴까?

원래 주식 투자로 수익을 실현하기 가장 좋은 시점은 호재가 나오거나 다소 높게 느껴지는 목표주가가 발표되었을 때다.

이 절호의 기회를 놓치지 않고 펀드 상품은 수익을 실현한다. 정말로 목표주가까지 올라갈지 알 수 없는 주가의 움직임을 지켜보며 기다리기보다는 긍정적인 목표주가가 발표되어 많은 투자자가 매수하는 시점에 파는 것이 훨씬 편하기 때문이다.

그렇다면 왜 이 증권사가 내놓는 목표주가는 신뢰도가 낮을까?

증권사의 조사 기관이 서비스의 일환으로 펀드용으로 내는 것이므로 '이론적인 수치'에 지나지 않기 때문이다.

큰손 고객이니 얼토당토않은 자료를 낼 수는 없지만, 기업 수익과 경제 환경 등을 근거로 적당히 낸 데이터일 뿐이다. 다시 말해 '그렇게 되겠지만 실은 알 수 없는' 정도로만 받아들이는 게 좋다.

이점을 알고 있으면 **목표주가까지** 상승하리라고 믿으며 오매불망 기다리는 것이 얼마나 무모한 행동인지 알 수 있다.

다시 말해 목표주가는 참고 자료일 뿐이다.

어떤 종목의 주가가 상당히 높다고 느끼면서도 '**목표주가보다는 그래도 싸잖아**'라고 생각하며 매수하는 것은 금물이다.

그런 매수는 기관 등이 수익 실현을 위해 매도할 때 물량을 받아주는 역할을 하기 때문이다.

이점을 알면 '목표주가'의 희생양이 되는 사람이 다소 줄어들지 않을까.

조심, 또 조심해야 한다.

7701 시마즈제작소

*http://minkabu.jp

15

심각한 채무 초과 위기에서도
살아남는 기업을 가려내라

주식 투자의 가장 큰 리스크는 투자한 회사가 경영 악화로 파산하는 것이다.

파산하면 주식 시장 가치는 0이 되므로 투자 자금을 회수할 수 없다.

그런 종목에 일부러 손을 대는 사람은 없겠지만, 실은 아무리 경영이 악화해도 '망하지 않는' 종목을 저가 매수할 기회가 되기도 한다.

도시바는 일본을 대표하는 우량한 전기 관련 기업이다. 그러나 미국의 원자력발전 기업을 매수해 엄청난 적자를 냈고 부정 회계 의혹에 이어 잘못된 경영 판단으로 결국 2017년 채무 초과, 상장 폐기 위기에 처했다.

하지만 금융 기관에서의 차입과 달러벌이인 '도시바 메모리'를 매각해 난국을 헤쳐 나갔다. 도쿄증권거래소 1부에서 2부로 격하되긴 했지만 많은 이의 예상을 뒤엎고 시장에서 추방당하는 사태를 모면한 것이다.

다른 기업이었다면 진작 파산이나 상장 폐지되어도 이상하지 않은 상황이었다.

도시바는 왜 살아남을 수 있었을까?

그것은 '망하게 내버려두기엔 너무 컸다', '국가기밀 누설' 등 국가 경제와 관련될 정도로 중요한 기업이었기 때문이다.

말하자면 상장 존속은 '처음부터 정해진 결말'이었다.

자유주의 시장 경제하에서도 **국가 경제 상황과 관련될만한 기업에는 경제라는 잣대를 초월한 힘이 작용한다**는 사실을 투자할 때 유념해야 한다.

그런 점에서는 도쿄전력과 유사한 점이 있다.

거대 기업에 대한 투자는 살짝 다른 관점에서 생각할 줄 알아야 판단을 그르치지 않는다는 말이다.

분식 결산에 이어 도시바의 미국 원전 자회사인 웨스팅하우스가 거액의 손실을 기록하며 채무 초과 상태에 빠졌다. 웨스팅하우스는 미국 법원에 파산법 11조 적용을 청구해 도시바는 웨스팅하우스를 분리하게 되면서 회생했다. 2017년 8월 도쿄증권거래소 2부로 격하되었지만 주가는 회복했다.

*http://minkabu.jp

2장

시장을 움직이는 15가지 법칙

시장은 항상 옳은 것이 아니라 언제나 틀린다.
조지 소로스(George Soros)

변화를 일으키는 '촉매'를 찾는 것이 중요하다.
짐 로저스(Jim Rogers)

16

시장은 의도적으로
조작된다

주식 시장의 주가는 어떻게 형성될까?

사실은 아무도 모른다.

다만 물밑 작업이 있는 것은 확실하다.

앞서 말한 '좋은 기업인데 주가가 하락하는' 주가 움직임이 그 전형적인 예다.

시장 컨센서스를 기준으로 하여 대형 펀드나 증권사는 '**의도적 매매**'를 위한 **만반의 준비**를 한다.

국가에 스파이 활동이 있듯이 기업에도 일종의 '스파이' 즉 '인사이더(내부관계자)'가 활보하는 것이 현실이다.

그것은 주가 차트를 살펴보면 확실히 알 수 있다.

실적 호조라는 뉴스가 나왔을 때, 그 종목의 일봉 차트를 보면 이미 10일, 20일 전부터 슬그머니 주가가 올라오고 있다.

이유는 실적 동향이 내부 정보통으로부터 은밀히 매매되어 일부 투자자에게 전해진다는 것이다.

재무제표도 사전에 누설된다.

만약 예상을 밑돌면 대폭락이 연출되고 그들은 '일단 매도한 뒤 재매수'로 약삭빠르게 수익을 챙긴다.

개인투자자나 국내 기관투자자 중 일부만 뉴스를 참고해 주식을 매매한다.

그 밖의 '영리한' 투자자는 미리 정보를 파악해 유리한 위치에서 수익을 낸다.

그 움직임을 알고 있어야 한 번 눌렀을 때 차분히 매수할 수 있다. 즉 눌림목이 오기를 기다릴 여유를 가져야 한다.

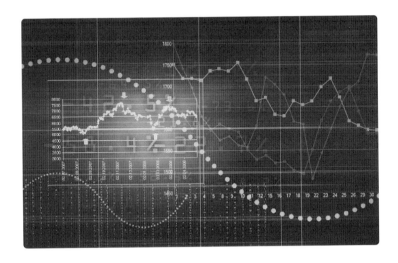

선물이 끌고 가는
주가에 이긴다

시장 동향 뉴스를 보면 '선물 매도세로 닛케이평균지수가 하락했다'라는 식의 표현이 종종 나온다.

선물 시황으로 무엇을 알 수 있을까?

선물은 현물 주식과 같은 거래량 없이도 적은 자금으로 쉽게 움직일 수 있는 거래다. 투자자(외국인이 70%)들은 선물을 이용해 주가를 움직여 그 차익을 노린다.

시장은 선물에 마인드컨트롤 당한다.

'선물 지수가 하락'하면 시장 전체가 그에 따라 영향을 받기 때문이다.

선물을 움직이는 재료는 수없이 많다.

환율(엔고·엔저), 중국의 경기, 주가, 트럼프의 발언 등 모든 것이 선물에 영향을 준다.

시장은 변동성이 있어야만 돌아간다.

그들은 시장이 움직이도록 하고 재빨리 고성능 컴퓨터의 '프로그램 매매'로 수익을 낸다.

주가를 움직이는 것은 그들에게 식은 죽 먹기다.

개인투자자가 그들의 힘으로 등락하는 시장에서 이기려면 '흐름에 편승'하는 수밖에 없다.

선물이 움직일 때는 그 나름의 외부 정보나 무엇보다도 주가 변동 움직임이 있다.

앞으로 나올 시나리오를 예상하여 준비하고 움직임이 있을 때 '왔구나!'하고 신속하게 반응하면 차익을 얻을 수 있다.

주식으로 수익을 내려면 '예측 능력'을 키워야 한다.

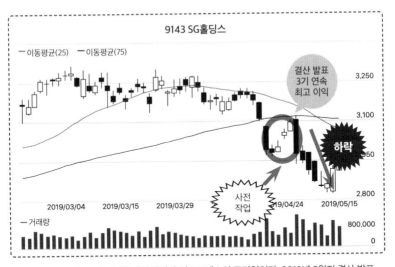

SG홀딩스는 일본 2대 택배회사인 사가와 익스프레스의 모기업이다. 2019년 3월기 결산 발표를 하는 4월 26일 전에 사전 작업으로 주가를 올린 다음, 대부분 매도한 모습이 보인다.

*http://minkabu.jp

해외 시장의
주가 흐름을 파악해
오전장에 대비하라

주식 투자를 할 때는 시장의 흐름과 움직임에 관해 어느 정도 지식이 있어야 승부할 수 있다.

NY 시장의 동향은 9시에 장이 열리자마자 형성되는 시초가를 좌우한다. 일본 경제는 미국 경제와 연동하여 움직인다.

도쿄증권거래소에서 상장된 기업도 상당수가 외국인의 자금이므로 어쩔 수 없다.

그들의 의향을 파악하지 못하면 주가의 움직임도 이해하지 못한다.

또 예전에는 신경 쓰지 않아도 되었던 중국의 상하이 시장도 염두에 둬야 한다.

상하이 시장의 지수는 세계 2위 경제 대국인 중국의 기세를 대변하는 지표가 되었디.

미국과 패권 다툼을 벌이며 첨단 기술 분야에서도 미국을 위협하고 있다. 이제 중국 제품이 없으면 미국 경제가 돌아가지 않는다.

물론 일본 경제도 중국 경제와 밀접하게 연관되어 있으며 모든 기업의 운명을 쥐고 있다. 화웨이 하나가 100사와 연관되어 있다. 시장은 이런 상황을 배경으로 움직인다.

시초가가 NY 시장의 영향을 받는다면 그 뒤에는 상하이 시장의 영향을 받는다.

상하이 시장은 한국과 일본 시각으로 10시 15분에 열려 12시 30분에 오전장을 마치고 한 시간 반 동안 휴장한다.

이러한 움직임을 파악한 후에 후장의 주가 동향을 현명하게 예측해야 한다.

국내 주식 시장은 세계 각 곳의 자금에 모든 움직임이 반영되는 시대이기 때문이다.

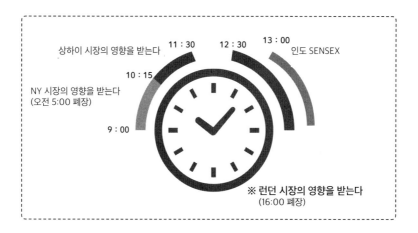

19

주식은
잠을 자지 않는다

주식 시장에는 엄청난 규모의 자금이 투입된다.

지구는 돌고 사람들은 지구상의 어딘가에서 항상 활동하고 일하고 자금을 운용한다. 환율이 끊임없이 변하는 것이 그 증거다.

NY 시장이 휴장해도 환율은 쉬지 않는다. 환율은 엔달러 교환 비율과 관련이 있으며 비즈니스 손익에 민감하게 관계한다.

FX는 주로 한밤중에 매매하듯이 주식 시장도 야간 NY 시장의 동향에서 눈을 뗄 수 없다.

미국의 경제 통계와 정권 핵심 인물이 하는 발언이 주가에 다양한 영향을 미친다. 또한 거대 기업의 주가 추이도 주의해야 한다.

애플의 주가는 일본의 관련 기업에 적지 않게 영향을 미치고 미국의 건설기계 제조기업인 캐터필러(Caterpillar Inc.)의 주가는 일본의 중국 관련주의 주가를 크게 움직인다. 지금 세계 경제는 하나로 이어져 있다.

하지만 경제가 잠을 자지 않는다고 해서 주식 거래를 위해 밤을 새우라는 말은 아니다. **아침 일찍 장이 열리기 전에 NY의 동향을 확인하면 된다.**

도쿄 시장에서 거래하는 것은 실은 푸른 눈의 외인들이 대부분이다.

국내 동향에만 관심을 가지는 것은 도움이 안 된다.

사물을 세계라는 관점에서 살펴봐야 한다.

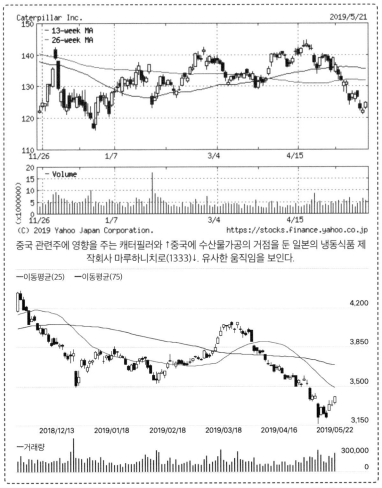

중국 관련주에 영향을 주는 캐터필러와 ↑중국에 수산물가공의 거점을 둔 일본의 냉동식품 제
작회사 마루하니치로(1333)↓. 유사한 움직임을 보인다.

*http://minkabu.jp

20

소형주와 대형주는
다르게 움직인다

도쿄 증권거래소는 1부, 2부, 마더스, 자스닥 등으로 구성되며, 여기에 상장된 기업은 무려 3650사에 달한다.

대형주는 주로 1부에 몰려 있다. 그중에서도 닛케이225 평균주가를 형성하는 기업이 대형주에 들어간다. 닛케이225 편입 종목 외에도 대형주는 있지만 인기 종목은 대부분 여기에 편입되어 있다.

펀드나 기관투자자는 이 225평균에 들어가 있는 종목을 중심으로 운용한다. 물론 소형 종목도 운용 대상이 되지만 투입된 자금량이 다르다.

대형주는 때때로 컴퓨터를 이용한 프로그램 매매 대상이 되며 미세한 주가의 움직임을 활용해 차익을 노린다. 그러므로 **매매 빈도가 대단히 잦다**. 그에 비해 도쿄 2부나 마더스, 한국의 코스닥 종목은 개인투자자가 숭심인 경우가 많다. 도쿄 1부나 코스피에 상장한 기업에 비해 시가 총액이 작은 편으로 가격 변동이 심하고 때로 상한가와 하한가를 기록한다.

주가 변동이라는 점에서 완전히 다르므로 이 주가 변동을 따라갈 수 있는지, 자신의 강점과 약점을 생각해서 거래할 필요가 있다.

소형주는 이른바 '세력'의 동향을 고려하고 대형주는 펀드의 움직임을 주시하는 것이 현명하다.

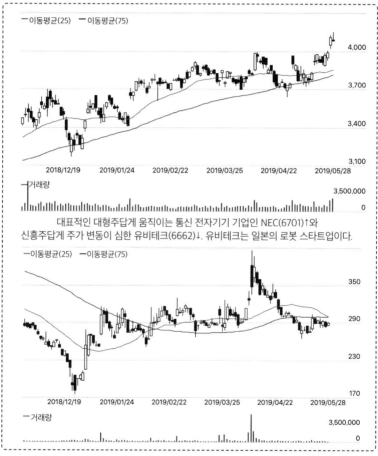

대표적인 대형주답게 움직이는 통신 전자기기 기업인 NEC(6701)↑와
신흥주답게 주가 변동이 심한 유비테크(6662)↓. 유비테크는 일본의 로봇 스타트업이다.

*http://minkabu.jp

21

개별 주가는
전체 지수의
영향을 받는다

닛케이 평균주가와 TOPIX, 코스피 지수를 '숲'에 비유한다면 개별 종목은 '나무'다. 나무들이 모여 숲을 이룬다.

나뭇잎이 흔들리고 꽃이 핀다. 그로써 숲의 양상도 변화무쌍하게 움직인다. **시장 전체의 주가 동향과 개별 종목의 움직임이 모두 연동하진 않는다. 하지만 시장에 들어간 자금의 총량은 같으므로 전체 시장의 주가 움직임은 당연히 나무, 즉 개별 종목의 움직임에 영향을 준다.**

개별 종목의 일봉을 보며 '올라가네' '내려가네'라고 생각하면서 전체 지수를 확인하면 개별 종목의 움직임과 대단히 유사한 움직임을 보이는 것을 알 수 있다. 개별 종목의 움직임은 개별 기업의 경영 상황 등 각각의 재료를 반영하지만 사실 경영 상황이 하루가 다르게 변하는 일은 좀처럼 없다. 닛케이225 종목 외의 기업 경영 정보가 대중을 주목시키는 것은 연 4회의 분기별 실적이 발표되었을 때와 그 기업의 IR이 공지되었을 때 정도다.

그런데도 각 기업의 주가가 매일 변동하는 이유는 전체 시장의 흐름과 시장에 들어간 돈의 움직임이 개별 종목에도 반영되기 때문이다.

그래서 '오늘의 닛케이평균은 상승했다/하락했다'라는 코멘트가 먼저 나온 뒤 개별 종목 움직임이 거론되는 것이다.

하지만 시장 지수와 같은 움직임을 보이는 종목과 다른 움직임을 보이는 종목이 있으니 잘 봐야 한다. 그 종목의 움직임이 전체 지수를 따라가는지 파악하자. 하지만 전반적으로는 지수를 추종하는 움직임으로 보이므로 '나무를 보고 숲을 보지 않는 일'이 없어야 한다.

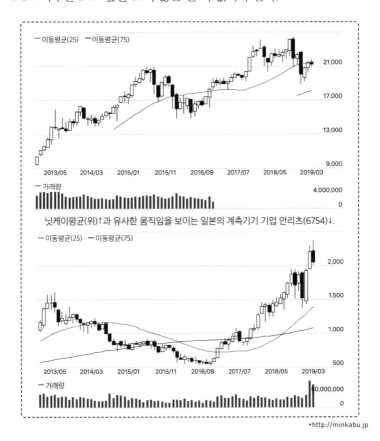

닛케이평균(위)↑과 유사한 움직임을 보이는 일본의 계측기기 기업 안리츠(6754)↓.

*http://minkabu.jp

22

우리 주식 시장만
부진하다고
슬퍼하지 마라

'美도 中도 쭉쭉 오른 증시…한국(일본)만 덜 올랐다'

종종 이런 뉴스가 나온다.

전 세계 주식 시장이 활황을 이어가는데, 동반 상승하지 못하는 국내 주식 시장에 답답함을 느끼는 것도 무리가 아니다.

하지만 걱정할 필요 없다.

이것은 자국의 기업이 못해서가 아니다.

일시적으로는 부진해도 장기적인 관점에서 보면 도쿄 시장은 거의 NY나 런던, 프랑크푸르트 시장과 비슷하게 움직인다.

이것은 서구의 자유 경제권과 일본 경제가 밀접한 관계에 있기 때문이다. 경제 활동은 다소 차이가 있어도 연동된다.

서구의 자유 경제권의 움직임은 결국 도쿄 시장의 주가에 링크한다.

NY가 하락하는네 도쿄만 상승하는 일은 유감스럽지만 거의 없다. (환율에서 엔이 홀로 강세를 보이는 일은 종종 있다.) 이런 상황이 되면 좋다고 손뼉치기 쉽지만 반대로 요주의권에 접어들었다는 것을 인식해야 한다.

다만 아시아나 중남미, 동구 등 신흥국 시장의 경제권은 약간 다른 양상을 보인다.

시장 동향을 참고하는 정도이지 도쿄와 연동하진 않으므로 하나하나 신경 쓰지 않아도 좋다.

앞서 언급한 상하이, 심천은 미국과 일본과의 경제와 깊이 연관되어 있으니 그것만큼은 확인하자.

또 인도네시아, 베트남 등의 동남아시아에서 발전하고 있는 경제권도 일본과의 관계가 깊고 중국에서 아시아로 공장을 이전하는 경향이 있으므로 어느 정도 관심을 가져야 한다. 중국이 부진해도 아시아에서 수익을 내는 기업도 있으므로 무시할 수 없다.

일본의 기업 활동은 시대와 함께 변한다. 주의 깊게 살펴보는 사람이 주식 투자에 성공한다.

23

서킷브레이크 발동 시에는 **잠시 관망하라**

주식 시장에는 '블랙먼데이'라는 말이 있다. 1987년 10월 19일 월요일을 가리키는 말로 그날 미국 주식 시장은 하루 만에 무려 22.6%나 급락했다.

사상 최악의 하락폭을 기록한 날이다.

급격한 주가 변동은 시장을 위험에 노출하고 투자자에게 막대한 손실을 입힌다. 그런 사태를 방지하기 위해 '서킷브레이크 제도'가 도입되었다.

그 뒤 일본에도 서킷브레이크 제도가 도입되었다. 한국은 1998년, 코스피나 코스닥 지수가 전일에 비해 8% 이상 하락한 상태가 1분 이상 지속되면 모든 주식 거래를 20분간 중단시키는 '서킷브레이크 제도'를 도입했다.

시장은 심리적 동요 때문에 실태에 비해 '과도하게' 진행될 때가 있다. 그것을 방지하려면 **일단 시장 거래를 중지하고 투자자의 과열된 머리를 식혀야** 한다. 이상 전류가 흐를 때 자동으로 두꺼비집 차단기가 내려가는 것과 같은 원리다. 도쿄 시장에서는 선물 시장에 도입되어 있으며 2001년, 미국 동시다발 911 테러와 2008년의 리먼브라더스 사태 등 세계적인 위기, 그리고 2011년의 동일본대지진이 일어났을 때 서킷브레이크가 발동했다.

중국에서는 이 제도를 도입한 2016년에 여러 번 발동해서 장이 중단되었다.

한국은 2019년 3월 13일, 코스피와 코스닥 시장에서 각각 서킷브레이크가 발동하는 초유의 사태가 일어난 바 있다.

주식 투자에는 리스크 관리가 중요하다. 이익을 추구하는 반면 손실을 최소한으로 억제하지 않으면 전체적으로 이익을 얻기 힘들다. 그러므로 **서킷브레이크와 같은 '주가가 급변할' 때는 차분히 관망하는 것이 현명**하다. 섣불리 '불길에 뛰어들어' 수혜를 노리려다 화상을 입지 않도록 주의하자. 주식 투자에 전 재산을 투입하면 안 된다. 어디까지나 여유 자산으로 해야 한다.

'이 돈을 잃으면 생활을 할 수 없다'는 절박한 투자는 투자가 아닌 투기이며 그렇게 하는 사람은 투자자가 아닌 도박꾼이다.

자고로 '군자는 위험한 곳에 가까이 가지 않는다'는 말이 있다.

만약 그런 경험이 있다면 이를 교훈 삼아 꾸준하고 착실한 투자 방식을 지키자.

하락이 끝나는 것을 기다렸다가 승부하면 된다.

24

주가 뒤에 있는
세력을 간파하라

세력주는 주식 투자를 하면 반드시 듣는 용어일 것이다.

주식 초보자는 세력주에 투자하지 말아야 한다고도 한다.

하지만 그런 말을 들으면 오히려 그게 뭔지 알고 싶고 결국 손을 대고 마는 것이 인지상정이다.

특정 집단이 소형주 등 **주로 유동주식수가 적은 종목을 타깃으로 야금야금 주식을 사모아 어느 정도 수량을 확보한 뒤, 다양한 정보를 흘려서 매수세를 유도해 주가가 급등했을 때 매도하고 빠져나가는데** 이용되는 주식이 세력주다.

이런 주가 조작을 의도적으로 하는 집단을 '**세력**'이라고 한다.

그들은 비교적 자금력을 가진 종교단체, 정치가, 실업가, 의사에서 일반 샐러리맨, 주부에 이르기까지 폭넓게 자금원을 확보하고 있다.

세력은 회원제를 운영하기도 한다.

회원은 등급별로 구분되며 상급 회원에게는 정보를 신속하게 제공하고 유리한 시점에 종목과 매수할 타이밍을 준다.

등급이 낮고 저렴한 회원료로 참여한 그룹은 기회가 있긴 하지만 때로는 주가를 끌어올리기 위한 '지원사격군'으로 활용될 가능성도 있다. 반드시 세력이 유도하는 상승세의 수혜를 입는다는 보장이 없다.

그리고 금융 기관도 이 세력의 움직임에 동참한다.

개인투자자는 거래량 급증이나 주식 전문지 등의 보도를 통해 세력의 움직임을 알 수 있을 뿐이다.

하지만 그 시점에는 이미 '세력의 중심'이 수익을 실현하는 단계에 진입해 있다. 이른바 소문을 듣고 '세력을 따라 매수한' 투자자들은 약간의 이익을 얻게 된다.

세력주를 끝까지 따라가는 것은 금물이다.

부자연스러운 거래량 급증이나 주가의 움직임에서 세력의 활동을 간파하는 안목을 가지면 오랫동안 안전하게 주식 투자를 할 수 있다.

인터넷에 떠도는 그럴듯한 정보에 낚이지 마라

세력이 세력주를 형성해서 100% 수익을 내는가 하면 꼭 그렇지만은 않다.

준비해 놓은 정보가 도중에 새서 주가를 올리는 데, 실패해 어쩔 수 없이 손절하는 일도 없지 않다.

그런데 일반인에게 극비라고 하면서 내부 정보가 제공되면 확실하게 대박이 날 것처럼 들리기 마련이다.

'나만 아는 정보'는 달콤한 향기로 사람을 유혹한다.

지금 인터넷상으로는 유명 블로거나 인플루언서라는 사람들이 주식 정보를 유료 '메일'이나 문자, SNS로 흘려서 수십만 명의 회원을 갖고 있다.

이런 사람과 고리로 서로를 직결된 블로거측이 수익을 낼 기회는 확실히 많을 것이다.

그 메일을 기다리는 회원이 유력한 '매수 세력'이 되기 때문이다.

블로거가 정보를 흘린 시점에서 블로거와 세력은 확실하게 매도하고 빠져나갈 수 있다.

이런 세력과 광고 역할을 하는 블로거와 인플루언서의 실태를 알고 주식 투자에 임해야 한다.

주식 시장은 얼핏 공평한 시장처럼 보이지만 인터넷을 교묘하게 활용한 세력의 '주가 조작'에 휘말리면 제대로 된 투자 성과를 얻을 수 없다.

만일 세력 정보를 활용할 때는 '빨리 타고 빨리 내리는' 단기 투자를 명심해야 한다.

아무리 그럴듯해도 세력의 정보를 100% 믿지 마라.

세력은 중심 그룹이 확실하게 이익을 얻기 위한 수단으로써 '모든 정보와 인원'을 총동원한다.

그들의 먹이가 되고 싶지 않다면 항상 탐색 작업을 게을리하지 말아야 한다.

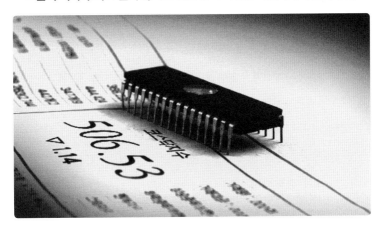

도쿄 시장은
외국인이 대부분이다

도쿄 시장은 일본에 있고 한국증권거래소는 한국에 있다. 그러나 그곳에서 거래하는 '선수'는 일본인도 한국인도 아니다.

외국인의 일본주식 보유 비율은 30%에 달한다.

일본에 거주하는 외국인의 비율은 고작 1%.

얼마나 외인이 일본의 주식을 많이 보유하고 있는지 알 수 있다.

이것으로 놀라기는 이르다.

외국인의 일본주 보유수는 30%여도 매매대금을 보면 60%를 점유한다.

즉 도쿄 시장에서 매일 거래하는 사람의 60%가 외인인 것이다.

이름은 도쿄증권거래소이지만 세계 속의 TOKYO STOCK EXCHANGE. **외국인이 득실득실 거래하는 와중에 우리도 참가했다**는 것이 정확한 표현일 것이다.

그뿐만이 아니다.

닛케이평균주가에 크게 영향을 미치는 '선물 시장'에서 외국인의 비중은 70~80%에 달한다.

이제 주식 시장은 외국인이 차지하고 있으며 외국인이 좌지우지한다고 해도 과언이 아니다.

'선물이 상승해 닛케이지수가 올랐다', '선물 하락으로 서둘러 수익을 실현했다'는 말이 종종 들린다.

이렇게 되면 도쿄라는 이름을 가진 국제 시장 중 하나라고 하는 편이 정확할 수도 있다.

도쿄에서도 NY, 런던, 프랑크푸르트에서 매매하는 것과 구성원은 거의 다르지 않다. 그곳의 시장 참가자가 무엇을 생각하고 눈여겨보는가. 그 관점에서 매매해야 한다.

이제 일본 국내에서 일어난 작은 일만을 생각하는 것은 무의미하다. **'외국인은 무엇을 기준으로 생각하고 어떻게 느끼는가**'라는 관점이 없으면 주가 움직임을 예측할 수 없는 시대인 것이다.

시스템 매매의
특성을 이해하라

시스템 매매라는 용어가 있다.

프로그램 매매라고도 한다.

간단히 말하자면 개별 종목의 펀더멘탈과 기술적 분석을 통해 주가의 움직임을 예측해 거래 방식을 프로그래밍하는 것이다.

예를 들어 이 회사는 '경영 상황이 좋고' 'PER이 낮으며' '테마주'이므로 주가 목표를 높게 설정한다. 그리고 '당분간은 우상향'이라고 예측하고 '눌림목에서 매수했다가' '급등했을 때 매도한다'로 설정한다.

그리고 사고팔고를 반복해 이익을 쌓는다.

모든 것은 컴퓨터가 낸 매매 주문대로 이루어진다.

하지만 '여기까지 오면 매도' '이런 식으로 움직이면 손절'과 같은 리스크 관리도 설정되어 있는 것이 최근 시장에 문제를 일으키고 있다.

어느 정도 가격 하락이 일어나면 **시스템 설정에 따라 일제히 매도가 진행되어 매도세가 붙으면서 결국 폭락하는 것이다.**

문답무용으로 매각하므로 이럴 때는 '심리전'이라고 하기도 뭐하다.

상대는 이미 입력된 방식대로 움직였을 뿐이다.

이것이 개인투자자에게는 상당히 위협적인 요소다.

어떤 영향력 있는 악재가 터진 것도 아닌데 눈사태처럼 주가가 떨어지니 납득을 못하는 채로 손가락만 빨고 있을 뿐이다.

주가가 한 방향으로 강하게 움직였다면 그것은 '시스템'이 작동했기 때문이다.

이러저러하게 분석해 가며 저항해도 손실이 증가할 뿐이다.

'떨어지는 칼날을 줍지 마라'라는 말이 있듯이 주가가 하락할 때는 그 움직임이 멈출 때까지 관망하자.

그러다가 다시 위로 올라가기 시작하면 망설이지 말고 따라가면 된다.

말이 시스템이지 이것도 인간이 만든 프로그램이다. 일정한 패턴이 있고 실패도 한다.

다만 '기계적 매매'이므로 인간미 없이 건조한 행태를 보이긴 한다.

또 한 번 기준에 어긋나면 가차 없이 잘라버린다.

이 점을 명심하고 대응하자.

다 보인다!
AI 매매의 흔적

최근 주식 거래는 개인투자자 외에는 대부분 인공지능, 즉 AI에 의해 이루어진다.

주로 기관투자자라고 불리는 펀드, 생명보험, 연금자금, 은행, 증권사 등이 이렇게 거래한다.

거액의 자금으로 주가를 조정하면서 기술적인 기법을 구사해 유리하게 매매하여 수익을 실현하는 것이다.

기관투자자의 거래 기간은 '초단기'가 보통이며 당일 거래를 하는 데이트레이드보다 짧다.

몇 초만에 거래하기도 한다.

이것을 스캘핑이라고 한다.

아주 작은 차익을 자금량을 이용해 하루에 몇 번이고 사고팔면서 이익을 챙긴다.

이런 움직임은 **호가창의 '호가'를 보면 매수와 매도 움직임으로 금방 알 수 있다.**

이 움직임은 주가가 오를 때도 내릴 때도 여러 번 보인다. 특히 인기 종목이나 테마주의 움직임에는 무서운 기세로 매매가 반복되므로 직접 한 번 확인해보자.

스캘핑 매매 기법 중 교활한 것은 '호가'를 다용해서 투자자를 속이고 착각하게 만들어 이익을 얻는 것이다.

예를 들어 자신들이 보유한 물량을 매도 호가에 걸어둬서 개인투자자들이 '주가가 하락할 것이다'라고 생각해 보유 주식을 매도하게끔 유도한다. 그 뒤 추가 자금으로 개인투자자들이 매도한 주식을 일단 흡수한 다음, 이번에는 매수 호가에 걸어둔다. 그러면 개인투자자들은 '오르겠구나'하면서 사 모으기 시작한다. 그때 그들은 개인투자자들에게 물량을 넘기고 수익을 실현한다.

이것을 엄청난 속도로 셀 수 없이 많이 하므로 **그때의 호가창을 보면 눈이 어지러울 정도로 주가가 왔다 갔다 한다.**

물론 모든 종목에서 이런 식으로 매매가 이루어지진 않으며 그날그날 목표가 바뀐다.

하지만 개인투자자는 그런 식으로 정신없이 매매하지 않아도 어느 정도 기술적인 안목이 있으면 충분히 대응할 수 있다.

1일 단위, 1주 단위의 경향만 파악하면 주가 방향을 읽을 수 있기 때문이다.

AI 상대로도 지지 않을 수 있다.

소형주는 단 한 명의 매도로도 하한가를 기록할 수 있다

급등, 급락이 많은 것은 마더스, 자스닥(한국의 경우 코스닥) 등의 신흥 시장의 재료주다. 한국의 경우 코스피보다는 코스닥에서 주로 일어난다.

소형주는 유통주식수가 적어서 약간의 매매로도 주가가 변동한다. 이것이 개인투자자가 마더스나 코스닥을 선호하는 이유다.

대형 우량주로 약간의 수익을 노리기보다는 엉덩이가 가벼운 소형 재료주로 단기에 수익을 노리는 편이 더 흥미진진하다.

전체 주가 지수가 전반적으로 하락세를 보여도 마더스나 코스닥의 재료주는 급등하는 경우가 있다. **대형 자금이나 외인의 개입이 적기 때문에 큰 흐름에 영향 받기 어렵고 독자적인 움직임으로 투자할 수 있는 점도** 흥미롭다.

하지만 개인투자자만 가격 변동이 큰 소형주에 투자하는 것은 아니다.

꽤 옛날이야기지만 보안 관련주가 객관적인 투자 정보 없이 기대감만으로 급등해 '어디까지 올라갈까'하고 뜨거운 관심을 모았던 어느 날 오후, 1억 엔 매도가 나오더니 한순간에 하한가를 친 일이 있었다.

알고 봤더니 거래가 서툰 외인 한 명의 매도가 원인이었지만 소형주는 팔릴 때도 살 때도 크게 움직이므로 리스크 관리를 확실하게 하지 않으면 원금을 홀라당 까먹을 수 있다.

예를 들어 일본의 개인 트레이닝 피트니스를 운영하는 벤처기업 라이잡(RIZAP)은 2003년 설립된 이래 2015년 매출액 554억 엔(약 5600억 원)을 기록하며 사업 다각화를 꾀했다. 그러나 2018년 말, 2019년 통판의 실적을 하방 수정한 일로 적자가 날 것이라는 정보가 돌아다니자 삿포로증권거래소의 RIZAP(2928) 주가는 이틀 연속 하한가를 치며 265엔(80엔 하락)이 되었다.

흥미롭고 짜릿한 종목은 상황이 뒤집히면 도무지 예측할 수 없는 주가 변동을 일으킬 수 있다는 점을 명심하면서 신중하게 거래해야 한다.

*http://minkabu.jp

중앙은행의 개입이
주가를 왜곡시킨다

아베노믹스의 목표 물가상승률 2%를 지원하기 위해서인지 일본은행(중앙은행)은 2016년부터 매년 6조 엔이나 되는 돈을 쏟아붓고 있다.

중앙정부 매수는 특정 종목을 직접 매수하는 것이 아니라 ETF(상장지수펀드)를 매입하는 간접적인 방식으로 이루어진다.

일본은행 총재는 이것이 주가 변동성을 억제하는 효과가 있다고 주장한다.

하지만 주가를 의도적으로 끌어올리고 있다는 점에 변함이 없다.

돈을 마구 찍어내고 있는 일본은행이 민간 기업의 주식을 사 모으는 것이 과연 바람직할까?

매수한 주식을 영구히 보유할 수도 없는 노릇. 결국 일본은행은 '매도자'가 될 것이다. 일본은행이 하락 리스크를 증폭시키고 있는 셈이다.

닛케이평균주가가 5만, 6만까시 치솟아 과열 양상을 띤다면 열기를 식히기 위해 쓰일 수도 있겠지만 그렇게 된다는 보장도 없다. (2020년, 5월, 일본 닛케이평균주가는 2만 전후로 움직이고 있다.)

"주가가 상승하는 건 좋은 일 아냐? 우리 같은 개인이 걱정하지 않아도 될 것 같은데."

그건 그럴지도 모르지만 아무리 꾸준한 주식 거래로 차곡차곡 수익을 내도 어느 날 대폭락이 닥치면 수익은커녕 원금까지 잃을 수 있다.

그러므로 신중하게 매매하는 것이 최선이다.

이치에 맞지 않는 일본은행의 주식 거래 방식은 틀림없이 언젠가 그 대가를 치를 것이다.

주식 투자의 원칙은 모든 자금을 쏟아붓지 말고 여유 자금으로 하는 것이다. 그러나 사람은 일단 흥분하면 이 원칙을 어기기 쉽다. 이 점을 명심하고 또 명심하자.

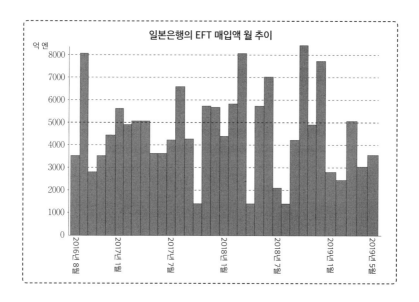

일본은행의 EFT 매입액 월 추이

3장

매매 타이밍의 9가지 법칙

기다리는 것은 인내, 대응하는 것은 용맹함,
이익을 내는 것은 지성의 영역이다.

비즈니스에서는 언제나 앞 유리보다 사이드미러가 더 잘 보인다.

워런 버핏(Warren Buffett)

사상 최악일 때야말로
출동하라

주식 투자에서 '백퍼센트 이기는 방법이 있냐고' 묻는다면 '있다'고 단언할 수 있다.

하지만 그것은 아무도 하고 싶어 하지 않고 할 수도 없는 방법이다.

가깝게는 '리먼브라더스 사태'가 터졌을 때 당신은 주식을 매수할 수 있었을까?

그 전이라면 라이브도어 쇼크와 IT 버블을 예로 들 수 있다.

모두 보유 주식을 손실이 난 채로 매도했거나 오랫동안 물려 있었을 것이다.

하지만 여유자금이 있다면 **'아무도 쳐다보지 않는'** 그때야말로 주식을 살 **'기회'**다.

잘 알다시피 경제는 일시적 공황이나 불안 요소가 존재할 때는 반드시 정부가 지원책이나 경제적 대책을 펼쳐 결국 회복한다.

지나 보면 '그때는 정말 최악이었다'라고 차분히 돌아볼 수 있다.

수익을 내지 못하는 투자자가 잘하는 실패는 기업이 잘 나가고 주가가 비쌀 때 샀다가 하락할 때 파는 것이다.

'남이 가지 않는 길을 가라'

이런 격언도 있다.

사람들이 우르르 몰려가 너도나도 살 때는 실은 천정이 가까워진 상태다. 일반 비즈니스 잡지가 주식 특집 기사를 내고 주식 초보자가 '주식 거래를 하고 싶다'고 생각할 때도 대부분은 매수하기에 적절한 때가 아니다.

"지금 주식을 사다니, 말도 안 돼"라고 말할 때 주식을 사는 것이 성공 비결이다.

'밀짚모자는 겨울에 사라', '겨울 코트는 봄에 사라.'

이런 말도 모두 같은 맥락이다.

다른 사람이 하는 것과 반대로 해야 수익을 낼 기회가 있다.

주가가 상승하기 시작했을 때는 등락을 거듭하기 때문에 생각보다 수익을 내지 못한다.

아무도 쳐다보지 않는 때라면 다소 주가가 하락해도 폭락한 뒤에 연이어 폭락하는 일은 드물다. 매수하고 놔두면 틀림없이 높은 수익률을 내며 덩치가 커질 것이다.

그것을 할 수 있느냐는 단 하나, 투자자의 소신과 마음가짐에 달려 있다.

종잣돈을 모을 때까지는
확실한 종목에만
투자하라

투자자가 **주식 거래에서 리스크를 감당할 때의 운용 자금에 대한 비율은
한 번에 2%**가 가장 좋다고 한다.

기관투자자나 세력은 그 비율을 지키며 거래한다.

2%이면 주가가 0이 되거나 하한가를 쳐서 자산이 줄어도 크게 신
경 쓰지 않고 넘어갈 수 있으며 다음 거래로 만회할 수 있기 때문이다.

투자 자금이 10만 엔이라면 2%는 2천 엔이다. 이 정도면 없어져도
'그러려니 할 수 있다.'

하지만 실상은 어떨까?

큰 이익을 내고 싶은 나머지 동전주, 잡주라고 하는 투기 비슷한 게
임에 휘말려서 허우적거리다가 끝이다.

10만 엔의 자금으로 한 종목에 5만 엔을 투입한 사람도 적지 않을
것이다.

하지만 50%는 어느 정도 투자 경험이 있는 사람이 보기에는 말도
안 되는 비율이다.

그 주식이 언젠가 오를 것이라고 집착해 다른 곳에 투자했으면 얻을 수 있을지도 모르는 이익을 놓칠 가능성이 크기 때문이다.

그래서 10만 엔 밖에 없는 투자자가 가장 명심해야 하는 투자 전략은 **파산할지 아닌지 확실하지 않은 종목에는 투자하지 않는다**는 것이다.

안정적이고 변화율이 적은 종목만으로는 거래할 때 재미가 없을 수도 있다.

하지만 우선은 리스크를 감당할 수 있는 금액까지 운용 자금을 늘리는 일부터 해야 한다.

요컨대 고위험 종목으로 크게 수익을 얻고 싶은 사람이라도 처음에는 자산을 어느 정도 착실하게 늘린 다음에 '질러야' 한다.

50만 엔의 2% 리스크이면 1만 엔. 이거라면 선택지가 확 넓어진다.

일본에는 오쿠리히토(億人, 억인)라는 말이 있다. 금융 투자로 1억 엔 이상을 번 사람이라는 뜻이다.

많은 개인투자자가 이렇게 되기를 바라지만 사실 처음부터 '대박'이 나기는 불가능하다.

처음에는 착실하게 주식 거래의 기본을 익히며 매매하고 경험을 바탕으로 한 '감'이 생기면 그때 과감하게 나서야 한다.

33

떨어지는 칼날의 끝을
지켜본 뒤 나서라

주가는 '매수세가 과열 양상을 보여 폭락'할 때가 있다.

여기서 딱히 이유는 없다.

'너무 올랐다', '이제 상투가 아닐까'라는 인식이 퍼지면 사람들은 먼저 수익을 실현하려고 팔기 시작한다. 그러면 잇달아 매도가 이어지면서 주가는 '폭락'한다.

이때 차트를 확인해 보면 음선(陰線)이 연이어 나온다. 하지만 빠르게 떨어진 뒤에는 결국 바닥에 도달한다.

이때가 매수 기회다.

보통 그때 살 수 있는 사람은 거의 없다.

하지만 그때 나서는 사람이 '승자'가 될 수 있다. '모두 함께하면 두려울 게 없다'는 식의 매매를 하는 사람에게는 수익을 실현할 기회가 오지 않는다.

칼날이 떨어져 바닥에 닿으면 몇 번 튕기긴 하지만 더 아래로 꽂힐 수는 없다.

이제 올라가는 일만 남았다.

쌀 시장에도 이런 격언이 있다.

'만인이 두려워할 때는 쌀값이 오른다.'

가격이라는 것은 '모두가 두려워할 때' 바닥에 도달한다. 모두 벌벌 떨며 아무것도 하지 못할 때 나도 움츠러들어서는 이길 수 없다.

'반값에 8부를 곱하고 2부를 빼라'라는 말이 있다.

고가의 절반 가격의 80%에서 20%를 뺀 가격, 즉 **고가의 32%**(×0.5× 0.8×0.8)**가 하락이 멈출 때의 예측치**로 삼는 것이다.

앞서 말한 선바이오 같은 경우 12,730엔에서 열흘 만에 2,401엔까지 하락했으므로, 그 범주 이상이었지만 폭등 전의 수준으로 돌아갔다고도 해석할 수 있다.

눈을 크게 뜨고 '과도하게 하락한 종목'을 찾아보자.

그 종목에 바닥 신호가 오면 그때 자금을 투입하자.

이 시점에서는 후에 더 내려도 폭락은 하지 않는다. 결국 매수세가 들어온다.

아무도 사지 않을 때 살짝 사놓고 때를 기다리자.

이 방식이야말로 승리할 확률을 높인다.

34

거래량이 없을 때는
매도도 없다

개인투자자가 범하기 쉬운 2대 실수가 '**팔면 안 될 때 매도하는 것**', '**급등하기 직전에 매도**'하는 것이다.

시장의 거래량이 갑자기 줄어들면서 조용할 때가 있다.

매수세도 없고 그렇다고 크게 매도하는 것도 거의 없다.

이런 상황에서 견디지 못하고 손절하는 것은 어리석은 짓이다.

종목 게시판을 보면 하루가 멀다고 '내가 샀더니 내렸다, 팔았더니 올랐다'라는 개인투자자의 한탄 글이 올라온다. 부적절한 시점에서의 매도가 얼마나 많은지 말해 준다.

다만 제목에도 나오는 '거래량이 없을 때는 매도도 없다'의 '매도도 없다'는 '매도 주문이 나오지 않는다'는 의미는 아니다.

'매도하면 안 된다(매도하는 것은 어리석은 행위)'는 뜻이다.

매도 주문은 나오지만 매수하는 사람이 아직 없으므로 '저가 횡보' 상태로 정말 짜증나는 장이다.

하지만 실은 **저가로 방치된 우량주를 줍는 데는 이만할 때가 없다.**

이것은 개별 종목에도 적용할 수 있다.

인기 종목에서 빠져 소외된 채로 기어가는 듯한, 하지만 실적이 호조인 종목은 묵묵히 줍자.

절대로 놓아버릴 시점은 아니므로 짜증난다고 해서 매도하는 잘못을 저지르지 않도록 하자.

인내심을 갖고 시간을 버는 것도 투자 전략이다.

'매도는 없다'는 적막함 뒤에 급등이 찾아오기 때문이다.

펀드는 변동세가 없는 상황을 가장 싫어한다.

그러한 시장의 생리를 잘 파악하도록 하자.

*http://minkabu.jp

35

거래량이 급증하면서 하락할 때는 펀드를 매도하기 때문

주식 시장에서는 매매대금 중 중요한 위치를 차지하는 펀드의 동향을 살피며 매매하지 않으면 뜻밖의 손해를 볼 수 있다.

펀드 관련으로 '45일전 법칙'이라는 말이 있다.

투자자는 펀드(투자신탁)를 팔 때, 즉 해지할 때 분기말 45일 전에 통보해야 한다.

통상 투자 신탁은 공모 형식이므로 언제든지 해지 가능하지만 사모 펀드는 50명 미만으로 자금을 모으기 때문에 자유롭게 해지할 수 없다. 단 1명만으로도 펀드를 들 수 있으므로 그 1명이 펀드를 매도하면 주가에 큰 영향을 끼쳐서 운용자도 큰 손실을 보기 때문이다.

결산기 말 45일 전이라는 것은 상장 기업이 지켜야 하는 '분기 실적 발표' 시점과 겹친다. '결산일'과 '실적 발표일'에는 대체로 45일 정도 갭이 있다. 펀드로 투사하는 투사사는 결산 발표일의 45일 전, 즉 연 4회 있는 분기별 결산 45일 전에 매도 여부를 결정한다.

그러므로 기업 실적 발표가 나오는 달에 실적에 따른 대량 매매가 이루어지므로 투자자에게 이 기간은 큰 리스크로 작용한다.

결산 발표 전에 주가가 요동치는 일이 종종 있는 것은 이 때문이다.

한국의 경우 기업들의 분기 실적 발표는 해당 분기일의 마지막 날로부터 45일 이내로 정해져 있다. 1분기(3월 30일까지의 실적)는 5월 15일까지, 2분기(6월 30일까지의 실적)는 8월 15일까지, 3분기(9월 30일까지의 실적)는 11월 15일까지 발표해야 한다. 다만 정리할 것이 많은 4분기는 12월 30일까지의 실적을 90일 후인 3월 30일까지 발표해야 한다.

만약 펀드 매도로 폭락해도 내실 있는 종목이라면 당황하지 말고 보유해서 오르기를 기다리는 것이 좋다.

'적을 알고 나를 알면 백 번 싸워도 위태롭지 않다'고 했다.

이럴 때 허둥지둥하면 기관투자자에게 이길 수 없다.

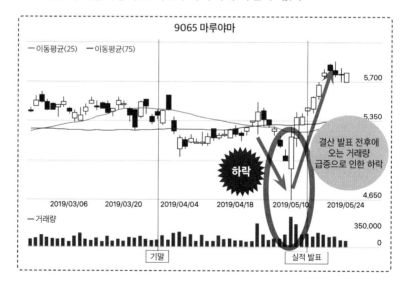

36

이유 없는 폭락,
실은 옳은 일이다

주식 시장에는 때때로 이유를 알 수 없는 하락이 일어난다.

주가가 하락할 때는 보통 어떤 계기나 이유가 있는 법이다. 하지만 시나리오를 짤 수가 없고 하락 요인도 모르겠는데 하락하는 일이 간헐적으로 일어난다.

하락한 뒤에 '장기 금리가 과도하게 인상되었다', '애플의 실적이 부진했다', '생각보다 경제 지표가 좋지 않다' 등 그럴듯한 이유를 붙인다.

그런데 하락은 하락이다.

하락에 이유는 필요 없다.

NY 시장의 중요 지표로 'VIX지수'(공포지수)가 있다.

이것은 투자자가 시장에 대해 어떤 위험이나 리스크를 느끼고 자금 도피(riskoff)를 생각하는 수치를 나타낸다.

주가가 크게 하락할 때는 VIX지수가 껑충 뛰어오른다. 일반적으로 9에서 10정도 낮은 수치를 유지하지만 **갑자기 25 등이 될 때는 대체로 주식 시장이 폭락한다.**

'이유 없는 하락'은 경제와 시장이 이유를 대지 못하는 하락을 말한다.

하지만 이것은 이상한 일이 아니다.

시장의 움직임은 그 시점에서 항상 옳다

그런 시장의 움직임에 맞서봤자 전혀 이득을 얻지 못한다.

지금 일어나는 주가의 움직임을 그대로 받아들이고 어떻게 대응할지 생각하는 것이 중요하다.

공포 지수에도 파동이 있고 상승과 하락을 반복한다. 이 파도를 잘 타야 한다.

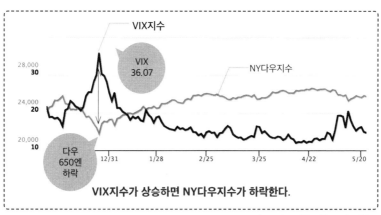

VIX지수가 상승하면 NY다우지수가 하락한다.

「moneybox」-*https://moneybox.jp/

기관투자자의
포지션 조정을 주워라

주식 시장에서 대규모 자금을 운용하는 것은 외인 외에 기관투자자가 있다.

기관투자자라고 하면 생명보험, 연금펀드, 공제조합, 증권사의 투자 펀드 등을 가리킨다.

그들은 운용 조정을 위해 **3월과 9월에, 매도할 종목을 정한다. 그러면 대상인 종목의 주가가 하락한다.**

3월과 9월에 운용 실적을 확정하는 결산 작업을 해야 하므로 배당을 받기 위해 보유할 종목과 차익을 실현하기 위한 매도 종목으로 나누어서 거래하기 때문이다.

이 시점은 반대로 말하면 **매수 기회**라고 할 수 있다.

기관투자자들은 차익이 나는 종목 중 상당수를 팔기 때문에 대부분 종목의 기세가 약해진다.

다만 수익을 실현한 종목을 두 번 다시 사지 않는 것은 아니며 하락하면 다시 사는 것이 펀드다.

차익이 난 종목은 실적이 좋기 때문에 반드시 저가에 매수하러 오기 때문이다.

이때 개인투자자가 펀드와 똑같은 행동을 할 필요는 없다.

오히려 반대로 하면 된다.

매도세가 나와 주가가 하락한 3월, 9월(한국의 경우 12월, 6월)의 유망주를 매수하자. 그러면 조금 있다가 기관이 매수세를 넣을 것이다. 그때 이익을 내고 팔면 된다.

적의 허를 찌르는 기법을 익혀야 시장의 승리자가 될 수 있다.

*http://minkabu.jp

블랙먼데이는 **바닥이었다**

1929년 암흑의 목요일(Black Thursday)부터 시작한 월가의 주가 대폭락으로 세계 대공황이 일어났다고 한다. 그때의 주가 하락은 '목요일'만이 아니라 무려 한 달간 이어졌다.

그 결과 금융기관은 물론 거의 모든 산업이 기울고 경제 상황이 악화되었다.

1987년의 블랙먼데이 역시 전 세계 주식 시장의 폭락을 불러일으켰다.

장기적인 관점에서 보면 '이 최악의 시기'가 주가 바닥이다.

주가가 회복하기까지 상당한 기간을 보유해야 과실을 수확할 수도 있지만 '사상 최악의 시기'는 뒤집어 말하자면 주식을 사기에 이만큼 좋은 때가 없다는 말이다.

'앞으로 10년 뒤 자산을 10배로 불리고 싶다.'

이렇게 생각하는 사람은 이것저것 하지 말고 **'최악의 시기'를 진득이** 기다리는 것이 상책이다.

금과 달러 교환을 정지시킨 닉슨 쇼크가 1971년.

물가 폭등을 일으킨 오일 쇼크가 1973년과 1979년.

NY가 사상 초유로 폭락한 블랙먼데이가 1987년.

아시아 통화 위기가 1997년.

2001년에는 911테러 사건이 일어났고 그해 엔론 사태도 터졌다.

소니 쇼크가 2003년, 2006년에는 라이브도어 쇼크, 2008년에는 리먼브라더스 사태가 터졌다

시장은 몇 년에 한 번씩 충격적인 사태로 주가 폭락을 겪는다.

그때 단번에 자산을 투입하고 묻어두는 것이다.

그것이 최고의 자산 운용 방법이다.

역사를 찬찬히 돌아보면 세계 공황이 터지기 전인 1920년대는 일본의 거품 경제를 방불케 하는 번영의 시기였다.

그러나 '이 세상의 봄'은 언젠가 조정기가 온다.

이 역사가 주는 교훈에서 배우는 사람이 앞으로의 인생에서 커다란 부를 손에 쥘 수 있다.

주가 저항력을 느끼고
반등을 기다린다

주가에는 알다시피 흐름이 있다.

강세장 다음에 오는 것이 대규모 조정이다.

하지만 이 조정이 있기에 '저평가 우량주'가 나오고 다시 매수세가 들어온다.

주식 시장에는 때로 주가 폭락이 일어나 강세장에서 약세장으로 바뀐다.

그러나 '두 번째 바닥, 세 번째 바닥'을 겪고 저가라는 확인이 되면 시장에 나오는 '밝은 뉴스'가 호재로 인식되어 바닥에서 반발 매수가 나온다.

유사 이래 반복되어온 이 흐름을 잘 읽고 기회를 붙잡을 수 있어야 한다.

기회는 매일 오지 않는다.

최악의 시기가 닥친 뒤, 게다가 그때에도 1년에 몇 번뿐이다.

예를 들어 팩스, 프린터, 복합기, 재봉틀을 제조하는 사무 및 산업용 기기 제조업체 브라더공업(6448)의 차트를 살펴보자.

전기 실적이 감소해 2018년 10월의 2,319엔을 찍고 주가는 계단식
으로 하락했다.

그러나 해가 바뀌자 투자자의 관심은 다음 기의 실적으로 옮겨갔다.
20년 3월기 이익이 증가할 것이라고 예상해 주가는 1,517엔에서 반등
해 2월에는 2,167엔까지 급상승했다.

상승한 주가는 내리고 하락한 주가는 저가라고 판단되면 이윽고 오
르기 시작한다.

이 시점을 현명하게 파악해야 한다.

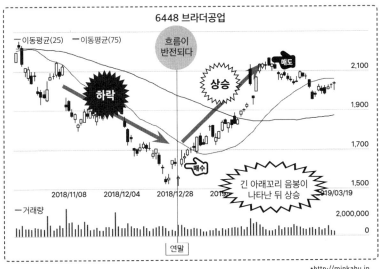

*http://minkabu.jp

4장

기술적 기법의 15가지 법칙

우리가 기술적 분석을 이용하는 것은
우리가 그것을 중요하다고 생각해서가 아닌 다른 사람들이
중요하다고 생각하기 때문이다.
마이클 마스터즈 (Michael Masters)

나는 시장을 예측하려 하지 않는다.
나는 시장에서 실제로 일어나는 일에 반응할 뿐이다.
스티브 레스카르보 (Steve Lescarvo)

바닥을 알리는
신호를 찾아라

주식을 산 뒤에 주가가 올라 수익을 실현한다. 누구나 주가가 이렇게 움직이기를 바란다.

최고의 매수 시점은 차분하게 '바닥'을 확인함으로써 파악할 수 있다.

여기서 주의해야 할 점은 '눌림목'이 아니라 '바닥'을 확인하는 것이다.

주식 거래에서는 **하락하는 것을 '눌린다'고 하는데, 눌림목 중에는 상승 도중에 잠깐 내려가는 것이 아니라 하락하는 중에 계단식으로 하락하는 것도 있다.** 이것은 바닥이 아니다.

'바닥'은 추락하고 또 추락해서 '탁'하고 부딪친 시점이다. '더 이상 내려갈 수가 없는' 수준까지 내려가야 바닥이다.

이 둘을 구분하기 어려운 것은 눌림목과 바닥이 비슷한 타이밍에 나타나기 때문이다.

사람들은 대부분 '바닥'에서 사지 못하고 상승하기 시작했을 때 그게 바닥이었음을 깨닫고 다시 약간 내려갔을 때 매수하려 든다.

이것은 두려움 때문이다. 지금까지 추락했으니 들고 있는 종목은 큰 손실이 났을 것이다.

주식을 사려면 용기가 필요할 때다.

하지만 이때 사야 한다. 그럴 용기가 없으면 주식으로 돈을 벌 수 없다.

대체로 사람들이 들고 있던 주식을 '던질 때' 바닥이 나온다. 그러면 주가가 급격히 하락한다. 손익이고 뭐고 '무조건 빨리 던지려는' 매도세가 나오기 때문이다.

여기서 기술적 분석을 하자면 차트상에 **'아래꼬리가 길게 달린 캔들'**이 나온다. 전혀 어렵지 않은 '바닥 신호'다.

아래꼬리가 달린 캔들이 하나만 나와도 되지만 **두 개 나오면 반등할 확률이 대단히 크다.**

이런 모양의 차트를 많은 종목에서 선별해 매수하는 습관을 들이자.

*http://minkabu.jp

추세를
읽어라

주가와 경제에는 흐름이 있다.

경기 확대나 경기 후퇴도 긴 눈으로 보면 교대로 찾아온다.

1989년에 38,000엔을 넘었던 도쿄 시장의 닛케이평균주가는 거품 경제 붕괴로 하락하다가 2008년 10월 28일에 6,995엔이라는 최저치를 기록했다.

아소 정권 시대였지만 그 뒤의 민주당 정권에서도 동일본 대지진 등의 재해가 겹쳐서 경제는 회복하지 못하고 주가도 지지부진했다.

2차 아베 내각이 발족되자 일본은행의 금융 완화 정책에 힘입어 '아베노믹스 경제'가 부흥했고 주가가 그 기세를 타고 23,000엔이 넘는 수준으로 부활했다.

앞으로 주가가 어떻게 움직일지는 알 수 없지만, 주식 투자는 시대의 흐름을 타는 것이 현명하므로 역사의 흐름을 의식하도록 하자.

지금은 미국과 중국의 패권 다툼이 벌어지는 상황이므로 주가 흐름이 지지부진하다.

주식을 매일 사고파는 데이트레이드(당일 거래)도 흥미롭지만 **큰 흐름을 파악하고 트렌드(추세)에 편승하는 투자가 가장 큰 성과를 낼 수 있다.**

그러므로 당장 눈앞의 일이 아닌 큰 추세를 뉴스나 기사를 통해 적확하게 파악하는 힘을 길러야 한다.

주가의 방향성은 아무도 완벽하게 예측할 수 없다.

그러나 소중한 자금을 투자하는 사람이라면 어떤 이상기류가 발생했을 때 **자신이 지금 장기적인 추세의 '어느 위치'에 있는지**를 파악할 줄 아는 안목을 키워야 한다.

캔들로 종목의 특성을 **파악하라**

주가의 움직임을 예측하기란 어려운 일이다.

그러나 경향은 읽을 수 있다. 서서히 오르고 있는지, 내리고 있는지는 주가 차트를 보면 바로 확인할 수 있다.

사고 싶은 종목이 있으면, 그 종목의 캔들과 '오르고 있는가, 내리고 있는가', '눌림목인가 고가인가' 등을 확인해야 한다.

각 종목에는 같은 상승세여도 어떤 것은 음봉이 많고 어떤 것은 양봉이 많은 등 나름의 경향이 있다.

그것을 파악하면 승률을 올릴 수 있다.

예를 들어 캔들에서 음봉이 많은 것은 '시초가가 고가'인 경향이 있는 종목이다.

이런 종목은 **아침 장이 열릴 때 시초가로 신용 매도를 해두면** 대체로 그 뒤 주가가 하락한다. 그때 다시 매수하면 수익을 실현할 기회가 늘어난다.

반대로 양봉이 많은 종목은 장이 시작할 때는 약세이지만 서서히 주가가 올라 시초가보다 종가가 높다. 그러므로 매일 시초가 부근에서 사면 시초가를 웃도는 경향이 크므로 이익을 확정할 가능성이 크다.

일본의 화장품업체인 가오(4452)의 캔들을 보면 실적 호조를 반영해 강한 기세를 보이고 있다.

다만 양봉만은 아니며 강렬한 음봉도 섞여 있다. 이 움직임은 강하게 상승한 뒤 수익을 내려는 매도 주문이 영향을 주기 때문이므로 상승한 **다음 날에는 매수하지 않는 것이 좋다.** 하락한 **다음 날에 상황을 보아가며 사는 방식이면** 이익을 낼 가능성이 크다.

주가의 움직임은 종목에 따라 특징이 있다.

그것을 잘 파악해서 기억해두고 '이렇게 되면 이렇게 움직일 것'이라고 시뮬레이션하면 살 때와 팔 때를 구분할 수 있다.

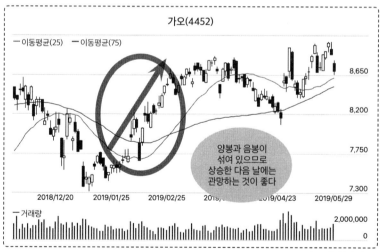

*http://minkabu.jp

골든크로스는 매수가 아닌 **수익 실현 시점이다**

주가의 움직임에서 '골든크로스'라는 '매수 신호'가 있다.

여기에는 몇 가지 종류가 있지만 기본적 패턴은 우상향하는 이동평균선을 주가가 아래에서 위로 관통하는 형태다.

지금까지의 추세에 이변이 생겨서 인기 종목으로 떠오르거나 서서히 매수세가 모여 급격히 주가가 올랐을 때 나타난다.

그러므로 '골든크로스일 때는 매수하라'라고 한다. 교차한 시점에서 기세 좋게 더 오를 것이 기대되기 때문이다.

하지만 그것은 사실 확률의 문제다.

수많은 신호를 보아왔지만 크로스해서 더 위로 올라간 종목도 있지만 그 시점에서 '목표 달성'을 알리는 듯이 **반전 하락하는** 종목도 적지 않다.

왜 그럴까?

그것은 이미 그 종목을 보유한 사람(특히 펀드 등)은 크로스되기 전보다 훨씬 주가가 낮을 때 '저가 매수'를 대량으로 했기 때문에 크로스의 시점을 오히려 수익을 실현하는 신호로 이용하기 때문이다.

많은 사람이 '매수할 때다'라고 생각하지만 먼저 사놓은 사람은 '매도할 때'라고 받아들인다.

그 방법을 따라 해보자.

다수의 행동이 아니라 소수의 행동을 따라하자. 주식 거래로 성공하려면 그렇게 해야 한다.

'골든크로스에서 판다', 이 투자자의 승리 확률은 대단히 커질 것이다.

모두 같은 행동을 해서 이길 수는 없다. 고독은 주식 거래로 이기게 하는 필수 항목이다.

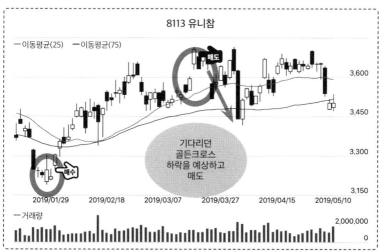

*http://minkabu.jp

네크라인 돌파를
놓치지 마라

주가가 상승할까, 아니면 하락할까.

이것을 기술적으로 적확하게 판단할 수 있다면 주식 투자로 이익을 낼 기회는 훨씬 많아질 것이다.

그 판단 신호 중 하나가 '네크라인 돌파'다.

이것에는 다양한 형태가 있지만 여러 번 상승하려고 시도하면서 일정한 수준으로 횡보하던 주가가 어느 날, 강하게 위로 뻗을 때 보인다.

이것은 매도에 비해 확실하게 매수세가 많아서 수급 관계에서는 매수자가 유리하게 되어 상승 전환할 때 일어난다.

장기간 엎치락뒤치락하다가 나타나는 상승은 쉽게 무너지지 않는 것이 일반적이다.

계속해서 매도했던 사람들과 약간만 올라도 수익을 실현하는 사람들이 다 나가면 그때 매수세가 이겨서 누구나 '지금 사면 이득'이라고 판단하므로 주가 상승이 점점 더 기세를 띤다.

예를 들어 교한신빌딩은 약 1개월간 900엔에서 930엔 사이에 공방

전이 벌어진 끝에 단숨에 1,100엔 가까지 뛰어올랐다.

다만 이 기세가 영원히 지속되진 않는다.

적절한 이익을 내고 빠져나오지 않으면 **강한 매도세가 나올 가능성이 있으므로** 주의해야 한다.

매수와 매도가 벌이는 줄다리기에서 벗어났을 때의 주가 상승을 활용해 이익을 챙기고 나오는 것이 현명하다.

다음 국면에는 또 다른 추세가 형성될 가능성이 있다는 것을 꼭 기억해두자.

*http://minkabu.jp

이중바닥을
확인하라

주가가 하락한 뒤에 '바닥 확인'을 할 수 있는 차트를 보면 여러 가지 모양이 있지만 가장 알기 쉬운 것은 **'이중바닥**(쌍바닥)'이다. 삼중바닥도 있지만 확률상 이중바닥, 즉 주가 바닥을 두 번 찍고 상승 추세로 전환하는 신호를 감지하는 것이 더 쉽다.

이것은 닛케이225평균의 '이중바닥 확인'에서도 활용되며 개별 종목의 움직임에서도 '이중바닥에서 나오는 반발'이 매수 신호로 활용된다.

모두가 그렇게 생각할 때는 **'이중바닥은 매수'**하는 행동이 나오기 쉬우므로 그에 편승하는 것이 현명하다.

실적이 경기 변동에 큰 영향을 받지 않는 디펜시브 종목이자 인바운드 관련으로 인기인 시세이도의 차트를 살펴보자.

오랜 기간 하락한 뒤에 6,000엔 부근에서 두 번 바닥을 찍고 나서 주가는 양봉이 이어진 강한 상승을 보였다.

이 배경에는 이 종목 특유의 '공매도 증가'와 '신용 배율 호전'이 있다.

6,000엔에 바닥을 찍고 7,000엔대로 회복하면 상승 속도가 다소 완

만해지지만 바닥 신호를 잘 활용한 사람에게는 알차게 수익을 챙길 수 있을 것이다.

비슷한 형태로 바닥을 찍는 종목은 얼마든지 있다.

저가에 사서 고가에 팔려는 사람에게는 안성맞춤인 신호이다.

더구나 어쩌다 한 번씩 나오는 것이 아니라 꽤 많은 경우에 이 신호가 나온다.

이런 차트를 최대한 이용해서 이익을 얻는 것이 주식 투자에서 성공하는 비결이다.

*http://minkabu.jp

75일 이동평균선은
주가와의 괴리를 보라

    주가 차트의 요소 중에는 하루하루의 주가 움직임을 나타내는 캔들 말고도 '**이동평균선**'이 있다.

    이것은 5일선은 5일간의 평균을 이어가고 25일은 25일간의 평균을, 75일은 75일간의 평균주가를 이은 선이다. (한국의 경우 보통 5일선, 10일선, 20일선, 60일선을 기준으로 거래)

    차트상에서 나타나는 캔들과 이동평균선의 관계에서 다양한 모습이 드러나며 그것을 주가 동향을 읽는 신호로 판단해 투자자들이 거래한다. 그런데 5일선과 25일선은 비교적 많이 알려졌지만 75일선은 어떻게 활용해야 좋은지 잘 모르는 사람이 많다.

    75일선은 말하자면 3개월간의 주가의 움직임을 나타낸, **주가의 중기 동향**이다.

    이 이동평균선이 상승하고 있으면 주가 추세는 상승이다. 만약 주가가 이 이동평균선을 뚫고 올라갔을 때는 강한 상승을 알리는 신호로 작용한다.

    반대로 추세선이 위를 향하고 있는데 주가가 아래를 향했을 때는

'일시적인 눌림'이라고 볼 수 있다. 주가는 오르고 내리면서 이동평균선과의 관계에서 위아래로 떨어지며 움직인다.

75일 이동평균선이 상승하는데 주가가 하락하면서 거리가 벌어졌을 때는 '눌림목'이라고 판단하고 매수하고 주가가 오르면 반발 매수세가 들어왔다고 판단하여 이익을 확정하는 것이 현명하다.

5일선이나 25일선에서는 명확한 괴리 상황을 파악하기 쉽지 않지만 75일 이동평균선은 그 경향을 파악하기 쉬우므로 이 기술적 기법으로 대세에 맞서지 않는 주가의 위치를 읽을 수 있다.

이 방법은 데이트레이딩 등 단기 거래에는 적합하지 않으며 중기 투자에 적합하다. 개인투자자는 기술적 분석을 통해 중기 거래를 하며 차분히 승부하는 편이 승률이 높을 것이다.

*http://minkabu.jp

위꼬리가 나왔을 때는
추격 매수하지 마라

주가가 상승했을 때 수익을 최대한 내려면 '상승 한계'를 제대로 파악해야 한다.

당연한 말이지만 영원히 오르는 주가나 종목은 없다.

이윽고 찾아올 '수익 실현' 순간을 놓치지 않는 것이 주식으로 돈을 버는 필수 기법이다.

모처럼 보유 종목이 올라와서 수익이 났음에도 앞을 보지 못하고 더 큰 수익만 기대하면 결국 수익을 실현하기 전에 주가가 하락해 매도할 타이밍을 놓치고 만다.

속이 상해서 "다시 올라오겠지"하고 기다려보지만 그게 그렇게 쉽게 되지 않는다.

하락하기 시작한 주가는 다른 사람들의 수익 실현에 떠밀려서 수익권은커녕 마이너스가 되는 것이다. 그때 손절하는 것은 하책이다.

주가가 지금 고점이라는 신호를 잘 읽으면 실패하는 횟수가 줄어든다.

그중 하나가 **'긴 윗꼬리'**다.

길게 위로 뻗은 꼬리는 위로 올라가긴 했지만 고점에서 매도해 수익을 실현하려는 압력이 강해 다시 아래로 떨어졌다는 표시다. 즉 일시적으로 고점을 찍은 것이다.

이른바 **최고점을 암시**한다.

이 '윗꼬리'가 나오면 욕심 부리지 말고 재빨리 매도 주문을 내서 **금액에 집착하지 않고 일단 거래를 완료해야 한다.**

주가는 수급 관계로 정해진다.

매수가 많으면 주가는 기세 좋게 위로 쭉 뻗어간다. 그것이 완만해지면 고점에서 매도하려는 사람들이 기다리고 있다. 고가에서는 매수세가 적고 관망하거나 수익을 실현하려는 사람이 늘어난다. 이 움직임이 나오면 일단 손을 떼는 것이 현명하다.

*http://minkabu.jp

고점에서
장대음봉이 나오면
도망쳐라

이유를 불문하고 주식 시장에는 어느 날 갑자기 이변이 찾아온다.

맹렬한 기세로 오르던 것이 '수익을 실현'하는 흐름으로 바뀌면서 급락한다.

아직 더 오를 거라고 생각했는데, 갑자기 나타나는 '장대음봉'. 이 경험이 없는 사람은 거의 없을 것이다.

고점에서의 장대음봉. 이것은 틀림없이 상투를 알리는 신호라고 생각하면 된다.

문답무용. 매도 신호가 나온다.

현명한 사람은 '곧바로 매도'해야 한다.

주가는 어느 날 갑자기 무너지기 시작한다.

긴장과 기대감을 불러일으키는 급등이 있고 당연히 급락도 있다.

지금까지 샀던 사람도 매도 시점을 생각하면서 보유하기 때문이다. 또한 앞에서 말한 '결산 매도'도 있다. 각각의 사정에 따라 투자하므로 최고조일 때 산사태 마냥 주가가 무너진다.

이렇게 흐름이 바뀌는 것은 한순간에 일어난다.

주식 거래를 길을 건너는 것에 비유하는 말이 있다. 파란 신호에서
는 다른 사람보다 한 발짝 늦게 출발해 다른 사람보다 한 발짝 빨리 건
너가라.

그것이 가장 안전하다는 말이다.

주변을 둘러보면서 현명하게 행동하자.

최악의 시기에는 이익이 나지 않아도 손해가 나도 갑작스러운 이변
이 일어나면 '재빨리 도망가야 한다' 그렇지 않으면 살아남지 못한다.

교활할 정도로 현명해야 한다는 말이다.

*http://minkabu.jp

음봉이 연속된 뒤에
찾아오는 기회를
붙잡아라

기업이 파산하지 않는 한 주가는 오르락내리락하는 과정을 거듭한다. 다만 전체적으로 봐서 우상향인 것인지, 등락을 거듭하는 것인지, 하락하고 있는지는 제대로 파악할 수 있어야 한다.

기본적으로 상승하는 종목 중에서 매수할 종목을 고르는 것이 좋다. 상승하는 도중에 잠시 눌려 있는 상태에서 사면 초심자도 크게 손해 보지 않는다. 보합인 상태여도 눌림목이라면 상승세를 탈 기회가 있다.

NEC(6701)의 주가를 보면 기조는 우상향이다. 그러나 주가의 변동 폭이 상당히 커서 최근 유행하는 통신인프라주치고는 강약을 오가고 있다.

하지만 때때로 크게 눌림목이 오므로 나름대로 '매수 기회'가 많다.

이 종목의 움직임의 특징은 갑자기 올랐다가 그 뒤 줄줄 하락하여 음봉이 7개에서 10개가 나온 뒤 갑자기 창문을 확 연 듯이 급등한다.

통신인프라주라는 호재와 내년에 배당금 감액이라는 악재가 양립하기 때문이라고 생각되지만 신용 배율도 강약감이 대립해 1배 이하가 되어 있으므로 이런 종목은 비교적 거래하기 쉽다.

이 종목을 거래할 때는 고점을 좇지 말고 장대음봉이 나타나 눌림목이 보일 때 매수하는 것이 가장 좋다. 저점에서는 신용 매도를 통한 재매수가 이루어지므로 어지간한 사건 사고가 터지지 않는 한 주가가 폭락할 가능성은 거의 없다.

비슷한 종목은 얼마든지 있다. **강약감의 대립에서 주가의 변동폭이 큰 종목을 찾아 '내리면 사고 올라가면 팔고'를 반복하면 좋은 성과를 얻을 수 있을 것이다.**

다만 '이 종목이 좋다'고 해도 매매 타이밍이 부적절하면 이익이 나기는커녕 손절해야 하는 일이 벌어질 수 있으니 거래는 항상 신중하게 해야 한다.

*http://minkabu.jp

저가 매수가
다가 아니다

주가의 움직임이 답답한 종목이 있다.

여기서는 소니(6758)의 주봉을 참고로 살펴보자.

세계적으로 인지도가 있고 실적이 호전되었는데, 대부분의 종목이 우상향하는 상승장에서 소니는 유독 하락 추세를 보이며 신저가를 경신했다.

실적이 좋다고 하는데도 이러니 이 종목을 보유한 사람들은 입맛이 쓸쓸할 것이다.

주봉이나 월봉을 보면 '이제 슬슬 올라가겠지'라고 생각할 수도 있지만 실은 '너무 인기가 있어서' 부담스러운 종목이다.

외인 보유 비율이 높은 도쿄 증권 시장에서 소니는 외인의 인기 종목 중 하나다.

신용 배율을 보면 굉장히 '높다' 다시 말해 지나치게 무거운 종목이다.

매수가 많다는 것은 '앞날에 대한 기대감'이 크다는 뜻이지만 그에 비해 주가의 움직임은 신통치 못하다.

수익을 확정할 기회가 적으므로 신용으로 매수한 사람은 반대매매

기한이 닥쳐 강제 '손절'을 당한다.

아무리 인기가 있고 폭락할 염려가 없다고는 하지만 매수했는데 오르지도 않고 오히려 찔끔찔끔 떨어지는 이런 종목은 거래하지 않는 편이 낫다.

이 책을 쓰고 있는 시기에 소니의 주가는 '자사주 매수' 등의 재료가 나와 급상승했다. 하지만 낙관하기에는 아직 이르다는 것이 내 생각이다.

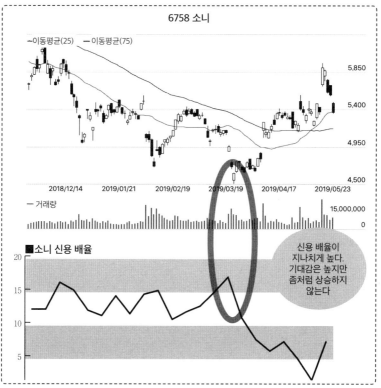

*http://minkabu.jp

상승 다음 날에는
관망하라

종목을 선택하는 방법에 따라서는 '감질 나는' 경우가 있으니 주의해야 한다.

예를 들어 도쿄건물(8804)의 일본을 보면 전형적으로 감질 나는 움직임이다. 1,300엔 부근에서 장기 횡보를 보이며 소폭 등락이 있지만 잘못해서 매수하면 아무리 기다려도 이익이 나지 않는다.

음봉과 양봉이 번갈아가며 나오고 주가 수준은 옆으로 가고 있다.

치밀한 계획을 세워서 거래하지 않으면 이익을 확정할 수 없는 차트다.

음봉과 양봉이 섞이면서 횡보하는 차트의 종목은 눌릴 때 사서 오를 때 팔지 않으면 수익이 나지 않는다.

반대 패턴으로 사면 절대 안 된다.

어쩌다 '상승했을 때 매수'하는 잘못을 저지르면 어떻게 할 도리가 없기 때문이다.

횡보 추세인 종목에는 원래 손을 대지 말아야 한다. 매수 타이밍은 눌림목이 명확하게 나타났을 때, 그리고 실적이 호조로 바뀌는 것이 전제다.

상승하는 기세에 잘못 올라타면 실패한다.

상승한 다음 날은 하락일 수도 있다.

이런 생각을 항상 하면서 절대로 추적 매수하면 안 된다. '눌렸을 때' 사자. 거래량이 늘어나 주가가 상승하면 그 추세에 편승하고 싶어지겠지만 욕심을 꾹 누르자.

이런 자세가 주식 거래에서 이기기 위한 원칙이다.

다른 사람과 같은 행동을 해서 주식 시장에서 성공할 확률은 대단히 낮다.

매수하고 싶을 때는 숨을 한 번 깊이 들이쉬며 머리를 식히자. 나중에 후회하지 않기 위하여.

8804 도쿄건물

─이동평균(25) ─이동평균(75)

1,340

1,290

상승한 다음 날
하락 패턴

1,240

1,190

2019/01/31   2019/02/19   2019/03/07   2019/03/26   2019/04/11   2019/05/07

─거래량

1,500,000

0

*http://minkabu.jp

52

차트는 일봉과 주봉을
함께 봐라

앞에서도 말했지만 횡보나 상승 이동평균선에 대해 아래에 위치한 주가가 기세 좋게 위로 돌파했을 때의 '골든크로스'는 주가의 강력한 상승을 의미한다.

하지만 예를 들면 도요타(7203)의 일봉에서 골든크로스를 확인하고 '매수 신호다!'라며 주식을 샀다고 하자.

하지만 그 뒤 주가의 기세가 점점 약해져서 그때 매수한 사람은 좀처럼 수익을 실현하지 못한다.

왜 그럴까?

그것은 주봉을 보면 알 수 있다. 주봉의 중기 추세를 보면 상승이 아니라 하락하고 있다.

일본에서 보면 강하게 보이는 캔들도 실은 약간의 상승일 뿐이며 매수해서는 안 되는 자리였던 것이다.

이렇게 **일봉과 주봉을 함께 보지 않으면 추세를 명확하게 파악할 수 없다.**

골든크로스를 매수 신호로 이용하고 싶다면 장기, 단기 양쪽이 크로스한 종목을 골라야 한다.

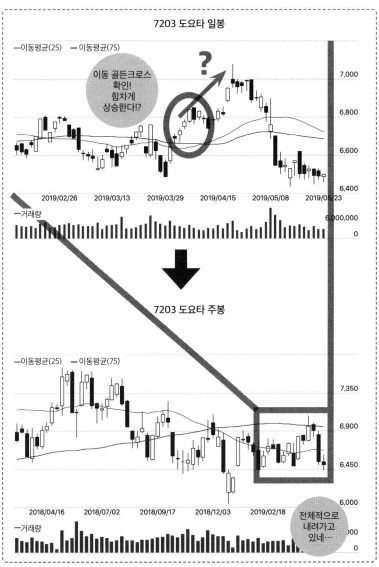

7203 도요타 일봉

이동평균(25) — 이동평균(75)

이동 골든크로스 확인! 힘차게 상승한다!?

?

7,000

6,800

6,600

6,400

2019/02/26 2019/03/13 2019/03/29 2019/04/15 2019/05/08 2019/05/23

거래량

6,000,000

0

7203 도요타 주봉

이동평균(25) — 이동평균(75)

7,350

6,900

6,450

6,000

2018/04/16 2018/07/02 2018/09/17 2018/12/03 2019/02/18

전체적으로 내려가고 있네…

거래량

0

*http://minkabu.jp

신고가 경신은
하락의 시작이라고
생각하라

주식 정보 사이트를 보면 종종 '연일 신고가 경신' 같은 문구가 눈에 들어온다.

이것을 보면 예전에 사놓을 걸, 하고 후회하는 것이 인지상정이다.

하지만 주가는 영원하지 않다.

고점에서는 펀드 등 이익 확정을 위한 매도가 기다리고 있기 때문이다.

예를 들어 소프트뱅크그룹(9984)의 주가를 살펴보자.

주봉을 보면 명확하지만 급격한 상승 뒤에 '윗꼬리'가 발생하고 그 뒤 횡보한다. 수익 실현을 위한 매도를 거치지 않으면 매물대가 무거워서 위로 갈 수 없기 때문이다.

물론 더 위로 갈 수도 있겠지만 고점에서 음봉이나 윗꼬리가 나왔을 때는 '슬슬 빠질 때'라고 판단해야 한다.

주가의 움직임에는 리듬이 있다. 강하게 치고 나간 다음에는 한동안 매도 주문을 소화하기 위한 시간이 필요하다.

'아직 더 남아 있다!'는 기세에서 매수 버튼을 누르는 것은 한마디로 정신

나간 짓이다.

고점에서 이익을 확정할 것을 생각하면 그리 많이 올라가진 못할 것
이라고 알 수 있고 오히려 하락으로 손실이 날 가능성이 크기 때문이다.

고점을 경신해가는 종목은 장기적으로 보았을 때 주가의 위치가 어
디쯤인가.

왜 상한가를 갔을까.

먼저 그 점부터 확인하자.

이렇다 할 재료도 없이 상승한 것이라면 슬슬 정리해야 한다고 판
단할 수 있다. 설령 내가 매도한 다음 날 더 오른다 해도 더욱 안전하고
상한가를 갈 가능성이 있는 종목이 얼마든지 않다. 고점을 경신하는
종목에 올라타지 말아야 한다.

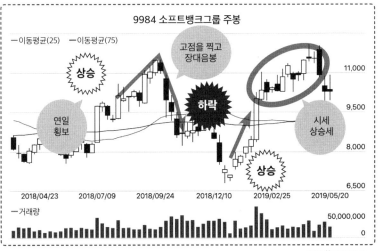

*http://minkabu.jp

예측 불가한
기술적 움직임을
간파하라

주식 시장은 뜬금없이 '이상한' 움직임을 할 때가 있다.

경험치나 차트, 기술적 분석에서 보면 있을 수 없는 식으로 움직이는 것이다.

그러나 기술적 분석은 어디까지나 과거의 경험치를 통해 미래를 예측하는 것이므로 일종의 일기예보 같은 것이다.

맞을 수도 있고 틀릴 수도 있다.

그렇게 생각하지 않으면 어이없는 실수를 한다.

내가 즐겨 거래한 종목으로 일본라이프라인(7575)이 있다.

이 종목은 심장 수술에 쓰이는 카테터(도관) 등을 납품하는 의료관련 업계 상사이자 제조사이며, 실적도 대단히 좋았다.

나는 오랫동안 시달려왔던 심방세동을 대학병원의 전극도자절제술로 완벽하게 나았으므로 일반인들보다 그 부분에 기본 지식을 갖고 있었다.

그 종목이 계단식으로 상승하는 동안 나는 그 종목을 사고팔고 또 사고팔면서 많은 이익을 냈다.

실적도 좋고 담당 의사가 '좋은 회사'라고 보증해 준 탓에 점점 더 자신감이 붙었다.

그런데 어느 날 고점에서 갑자기 매도 주문이 쇄도하는 주가 움직임으로 바뀌었다.

"아니, 이게 왜 이러지?"

실적도 좋고 전도유망한 종목이 매도세에 밀리다니.

그렇다.

매도세가 우세한 것은 대중의 생각이 변했기 때문이다.

상승 추세가 깨진 것이다.

나는 그 점을 받아들이고 앞으로 주가 상승을 기대하지 않는 게 좋겠다고 생각했다.

뒷날 주가가 부활한다 해도 당면한 주가는 고점을 찍었으므로 일단 눌렸다가 다시 상승하는 지점을 기다리는 수밖에 없다.

추세가 깨지는 것은 수급의 균형이 무너지기 때문이다.

예측불가라고는 하지만 주가에 미리 정해진 예정은 없다. 모든 것은 수급이다.

그러므로 **'주가는 시장에 물어야 한다.'**

5장

숫자의
신이 되는
6가지 법칙

누구나 주식 시장을 이해할 지력을 갖고 있다.
초등학교 5학년 수준의 산수 실력이라면 충분하다.
자신이 아는 것에 투자해야 한다.
피터 린치 (Peter Lynch)

의욕과 능력이 있는 '뛰어난 기업'이 문제에 휘말리거나
경영이 악화했을 때가 매수할 시점이다
필립 피셔 (Philip A. Fisher)

기업 실적은
변화율에 주목하라

주가에 영향을 미치는 기업의 실적 동향을 생각할 때 가장 주목해야 하는 것은 '안정적인 성장'이 아니라 '**성장률**'이다.

전년 대비 5% 성장한 기업이 좋을까, 아니면 10%? 100%? 당연히 100%인 기업의 주가가 상승할 가능성이 크다.

다만 과거의 실적은 이미 반영되어 있으므로 내년의 실적 동향에 따라 주가가 움직인다.

어디까지나 미래 지향인 것이 주가의 움직임이다.

큰돈을 운용하는 기관투자자, 즉 펀드나 연금 자금 등은 안정적으로 이익을 내고 배당도 잘 나오는 기업에 분산 투자를 하여 전년 대비 플러스를 목표로 삼는다.

그러므로 예상 실적이 좋은 종목에는 중점적으로 투자한다.

그러나 적은 자금으로 운용하는 개인투자자가 노리는 것은 이렇게 '안정적 성장'이 아니다.

변화율이다.

그 변화율은 어디서 알 수 있을까?

기업 실적 동향을 발표하는 계간지나 인터넷으로 어느 정도 알 수 있지만 가능하다면, 그 기업의 현장에 직접 가보는 것이 좋다.

그 기업이 운영하는 가게에 가본다거나 서비스 분야라면 직접 그 서비스를 받아보고 서비스의 질과 고객 응대, 그 서비스의 수요를 조사하자.

제품이라면 판매점에 가서 현물을 보자. 이런 노력이 주식 투자를 성공으로 이끈다.

일찍이 유니클로의 창업 시기에 가게 앞에 줄이 늘어선 것을 보고 이 종목인 패스트리테일링 1만주를 샀던 사람들이 꽤 있었다.

일부에서는 싼 게 비지떡이라는 평판도 있었고 실제로 그런 면도 있지만, 창업주의 브랜드 전략과 기능성, 패션, 광고 효과로 주가는 쑥쑥 올랐다.

지금은 6만 엔대를 유지하고 있다.

투가 대상이 되는 회사의 현장에 가보거나 현물을 살펴본다. 이것으로 실적 트렌드가 기업과 인터넷으로 소개되기 전에 알 수 있다.

소중한 자금을 투자하는데 이 정도 노력은 당연한 게 아닐까.

주식으로 돈을 벌게 해주는 투자 대상에 대한 정보는 현장에 있다는 것을 잊지 말자.

적자 결산을
우습게 보지 마라

주가와 기업 결산과의 관계를 말하자면 보통 흑자 기업을 선호하고 적자 기업은 기피한다. 흑자폭은 클수록 좋다.

이것이 상식적인 생각이다.

그럼에도 적자 결산으로 주가가 오르는 일이 종종 벌어진다.

이것은 대단히 중요한 점이다.

왜 그럴까?

앞에서 결산 실적이 좋은데도 시장의 예상보다 저조하면 주가가 하락한다고 설명했다.

이것은 실적이 좋으리라고 예상해 주가가 충분히 오른 상태에서 예상보다 저조한 것을 보고 '악재'로 작용해 매도세가 나온 것이다.

이와 반대로 엄청난 적자를 예상해 지지부진했던 종목이 '적자폭이 생각보다 크지 않았다'는 정보가 들어오면 앞에서 매도되었던 분만큼 매수세가 들어와 주가가 오른다.

기업 실적이 적자여도 적자폭이 예상보다 적으면 '호재'가 되는 것이다.

주가는 상대적으로 움직인다.

적자폭이 적다는 것은 그만큼 기업이 노력했거나 경영 환경이 호전되었거나 둘 중 하나다. 적자라는 범위이긴 하지만 시장은 '바람직하다'고 판단해 긍정적인 평가를 받는 것이다.

적자인가, 흑자인가.

그와 같이 절대적 수치로 주가가 움직이진 않으며, **상대적 수치**로 움직이는 주가의 습성이 존재한다.

아래의 니혼통신의 차트를 보면 4기 연속 적자 결산이었다. 하지만 적자폭이 감소했다. 이것을 재료라고 본 세력이 매수하여 상승했다고 볼 수 있다.

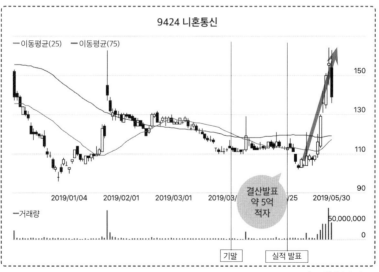

*http://minkabu.jp

결산 단신은
행간을 읽어라

주가는 기업의 결산(실적 발표)에 따라 크게 변동한다. 대체로 12월이 기말이다. (일본 기업은 대부분 3월 결산을 한다.)

그런데 기말에 본결산을 하는 기업은 12월(일본의 경우 3월)이 지나자마자 발표하진 않는다.

기업을 3개월 뒤인 3월 30일까지 유가증권 보고서라는 형태로 발표해야 한다.

그래서 증권거래소는 각각 상장 기업에 대해 '**결산 단신**'의 작성을 요청해 이것이 분기별로 거래소나 언론에 발표된다.

결산 마감일로부터 1개월 반 뒤에 발표되는 이 내용으로 주가가 요동친다는 점을 알아두자.

내용은 상장 기업의 재무상태표, 손익계산서를 비롯한 결산 정보다.

사업이 순조롭게 진행되고 이익이 예상대로 이익이 났는가가 최대 관심사이므로 이 수치가 예상에서 벗어나지 않은지 주목하는 것이다.

하지만 **이 단신이 발표되고 나서 거래하는 것은 현명하지 않다.** 전문가는 미리 다양한 방법을 이용해 정보를 모으기 때문에 주가는 이미 '선반영'된 상태로 움직인다.

내용은 발표되지 않았으니 확실하진 않지만 일봉을 살펴보면 정보가 사전 유출된 게 아닌가 할 정도로 신뢰도가 높다. 내부관계자가 상주하는 상태가 주식 시장이기 때문이다.

좋은 결산 내용이 예상되는 기업의 주가는 훨씬 전부터 상승하기 시작했으며 결산 발표와 동시에 '이제 재료가 떨어졌다'는 상태가 될 가능성이 크다.

실적 발표를 뉴스에서 보고 투자 후보를 고르는 사람은 일단 주가 차트를 찬찬히 살펴보자.

결산 단신은 그 내용은 물론 중요하지만 **향후 전망이 긍정적인지** 확인해야 한다.

실적 자체가 양호해도 앞으로 '전망이 밝지' 않으면 주가는 상승하지 않는다.

그것을 판단하기 위해서는 주목하는 기업의 내용은 물론 **그 업계가 처한 상황**에 관해서도 알아야 한다.

그런 다음 재무제표를 보지 않으면, 단순히 그 기업의 이익이 증가했는지만 비교하게 되어 상황을 제대로 판단할 수 없다.

전문가를 그런 과정을 거쳐서 투자 방향을 정한다. 개인투자자보다 투자 결과가 좋을 수밖에 없다.

해외 고객을 통한
인바운드 효과를
놓치지 마라

지금 일본의 인구는 감소하고 있으며, 소비 규모도 정체 기미다. 따라서 기업은 해외 사업으로 그 부분을 메우고 있다.

그때 중요한 것이 SNS를 통한 국내 매출 향상으로 동남아시아 등 **해외 고객을 국내로 불러들이고 그 고객을 현지 인터넷 판매를 이용하게 하여 지속적으로 사업을 확대하는 것이다.**

시세이도나 판켈, 가오 등은 그 방법으로 브랜드 인지도를 높여서 중국과 아시아 여행객들이 귀국한 뒤에 인터넷으로 쇼핑을 해 실적을 올리고 있다.

지금은 2020년을 목표로 한 사업 전개가 주목받고 있는데 아시아 등 해외에서 일본으로 유입되는 인바운드는 이 방식에 그치지 않고 대도시에서 지방으로 일본의 매력을 홍보함으로써 더욱 늘어날 수 있다.

일본 관광청은 2030년에는 방일 외국인 6만 명을 목표로 하고 있다. 도쿄올림픽 개최시가 4천만 명이므로 2천만 명이 증가하는 셈이다.

올림픽을 개최한 뒤에도 오사카 만국박람회을 비롯해 다양한 이벤트가 계획되어 있다.

또한 인바운드 대부분을 차지하는 중국에 이어 인도네시아와 말레이시아가 빠른 속도로 경제성장을 이루고 있으므로 향후 더욱 증가할 것으로 기대된다.

국내 시장에 한계가 있다면 인구가 많고 아시아와 아프리카에서 활로를 찾는 일본 기업의 노력이 주가에 반영되고 있으니 그 점을 놓치지 말자.

* http://minkabu.jp

배당수익률로만 판단하지 마라

주식 투자로 배당금을 받아 생활한다는 말이 있다.

물론 요즘은 정기예금을 천만 엔을 맡겨도 연 100엔밖에 이자가 붙지 않는 시대이므로 배당수익률이 5%를 넘는다고 생각하면 가슴이 뿌듯할 것이다.

심지어 배당수익률 27%, 12%나 하는 종목도 있다.

하지만 옥석을 잘 가려야 한다.

'수익을 내서 배당을 듬뿍 주는' 것이 아니라 주가가 폭락해 전기 배당에 대한 수익률이 오른 종목도 있기 때문이다.

결과적으로 경영 악화로 올해는 배당도 받지 못하고 주가도 하락하는 쓴맛을 볼 수도 있다.

그 전형적인 사례가 레오팔레스(8848)다.

주택 부실 공사 문제로 입주자들이 이동해야 했고 그 사태가 발각되기 전의 배당금 22엔에서 무배당으로 변경되리라는 예상이 나왔다.

아무리 일시적인 배당수익률이 높다 해도 배당수익률은 이미 실시한 배당을 근거로 한 것이므로 앞으로 어떻게 될지는 명확하지 않다.

배당만을 보고 투자하면 정작 주가가 반토막 날 수도 있다. 중요한 것은 **주가가 안정적이고 배당수익률도 상대적으로 높아야 한다.**

그 점에서 도쿄증권거래소 1부에 상장한 종목이 비교적 믿을 수 있다.

정유업체인 쇼와셸(5002), 일본 담배회사인 JT(2914), 아파트 공사를 주력으로 하는 하세코(長谷工)코포레이션(1808), 아사히HD(5857), 일본 후지중공업의 자동차 제조업체인 스바루(7270)는 모두 배당수익률이 6% 전후이며 주가는 바닥 부근에서 안정되어 있다. 물론 악재도 있지만 기업이 파산할 가능성은 거의 없다.

이렇게 배당주 중에서도 **저렴한 주식을 줍는 것이 배당주를 선택할 때의 정석이다.**

고배당수익률 순위는 모든 주식 거래 사이트에서 볼 수 있다.

안정적인 기업이고 배당수익률이 높은 것은 찾아보면 꽤 많으므로 신중하게 선택하자. 부적절한 시점에 들어가지만 않으면 매력적인 종목이 얼마든지 있다.

신용 배율이
높은 종목에 주의하라

앞에서도 여러 번 이야기했지만 주가는 절대적 이론치가 아닌 '수급'으로 결정된다.

사는 사람이 있고 파는 사람이 있다. 그 주식 수가 맞아야 '주가'가 성립한다.

파는 사람에 비해 사는 사람이 훨씬 많으면 주가는 오른다. 그 반대의 경우에는 내린다.

각각의 종목에 대한 생각도 다양하다.

주가가 상투로 느껴지면 신용거래를 하던 사람이 '너무 높아!'라고 말하듯이 매도하기 시작한다.

그 수량이 증가하면 주식을 빌려서 매도하게 되어 점차 현물 주식이 줄어들고 결국 '주식 부족' 상태가 되면서 '대출 이자'가 붙는다.

이렇게 매도가 늘어나면 **신용 배율은 1 이하로 떨어진다.** 0.5나 0.2 등.

이런 1 이하의 종목을 **신용거래 주가 좋다**고 한다.

이렇게 되면 매도하는 사람이 많으므로 공매도를 한 사람이 도로 사들여서 시세가 오르기를 기대하며 주가를 올리는 무리가 생긴다.

이렇게 주가가 상승하면 신용으로 매도한 사람은 엄청난 손실을 입으므로 할 수 없이 주식을 재매수한다.

그렇게 하면 주가는 또 오른다.

인기 종목이 최후의 용트림을 하듯 상승할 때는 매도시기를 잡기 어렵다. 신용 배율이 높은 종목을 추격 매수하는 것은 금물이다.

주가가 부자연스럽게 '한 번에 쑥 오르면' '매도하기 좋은' 상태가 되어 수익을 실현하려고 매도하는 사람이 늘어나므로 주가가 하락한다.

주가는 매수와 매도가 주거니 받거니 하면서 성립한다. 매도와 매수의 줄다리기를 보면서 결과를 예측하는 것은 참으로 흥미진진한 과정이다.

*http://minkabu.jp

6장

종목 선택의
9가지 법칙

크레용 하나로 설명하지 못하는 아이디어에는 투자하지 마라
피터 린치 (Peter Lynch)

상승하는 주식보다 장사를 할 줄 아는 주식을 사라

종목 선택은
대상을 좁혀서 하라

도쿄증권거래소에 상장한 기업은 현재 3,650사가 넘는다.

투자할 때 전업투자자처럼 모든 종목을 샅샅이 살펴보기란 여간 어려운 일이 아니다. 주식 투자가 본업이 아닌 만큼 한계가 있다.

개인투자자가 유리하게 싸우려면 **'자신이 잘 아는 분야', '아는 회사', '관심이 있는 회사'**로 대상을 좁힐 것을 권한다.

이런 기업은 **20사 정도여도 실적을 확인하고 스마트폰을 이용해 어느 정도 기술적 검증을 할 수 있기 때문이다.**

추적하는 방법은 자신이 잘 아는 업계나 테마, 기업을 기준으로 하는 것이 좋다. 아는 만큼 유리하고 상세하게 업계 동향을 파악하기 쉽기 때문이다.

나는 건설, 부동산, 식품, 전기, 의료, 자동차 등에 흥미가 있으며 상세히 알고 있으므로 그 분야에서 승부를 내고 있다.

자신이 잘 아는 분야에서 바닥 확인, 눌림목, 매도 시기 등이 보인다.

이런 습관을 만들어야 '이기는 습성'이 생긴다.

순조로운 거래를 하는 습관이 붙으면 판단 미스와 손절 횟수가 적어지고 투자 효율이 향상되어 운용 자산이 불어난다.

그것이 20%, 30%가 되면 자산은 눈덩이처럼 불어나 어느새 몇 배가 될 것이다.

자신의 자산을 1억으로 만들었다는 사람들은 실패하지 않는 거래를 해서 운용 실적을 높여 눈덩이식으로 자산을 불렸다.

어느 정도 늘어나면 원금을 줄여도 운용 자금이 늘어나므로 투자를 할 때 여유 있는 자세로 임할 수 있다.

이 여유가 선(先)순환되어 '이기는 투자 스타일'이 확립된다.

평소의 거래로는 일단 이기는 습관을 들이는 것이 중요하다. 그 습관이야말로 주식 거래로 이기기 위한 '100가지 법칙'의 핵심이다.

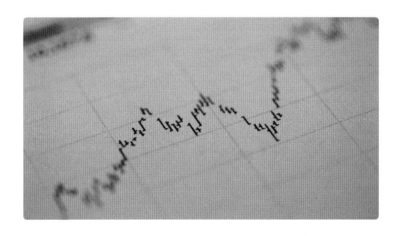

62

종목 선택에
우선순위를 가져라

　주식에 돈을 투입해 수익을 기대하는 것은 '향후 오를 것이다', '예전처럼 회복할 것이다'라는 확증이 있어야 한다.

　나는 종목 선택과 매수 시점은 한 가지 방법이 아닌 몇 가지 생각을 갖고 있다. 하나는 시류에 편승하여 상승하고 있는 종목의 눌림목을 노리는 방법이다. 실적이 좋고 재료가 있으며 추세가 우상향인 종목은 눌림목에 매수한다.

　상승세를 이어갈 때 매수하는 것은 조정을 받을 수 있어 오히려 시간이 걸리기 때문에 반드시 조정을 받아 내려간 뒤 반등하는 것을 노린다. 또 하나는 **인기 종목이나 우량주가 바닥 신호를 보인 뒤에 장기투자로 매수한다.**

　이것도 시간이 걸리지만 추가 하락으로 손실을 입을 리스크가 없으므로 심리적으로 편안하다.

　기본은 상승 추세를 노려야 한다.

　또 반드시 눌림목이어야 한다. 고점에 있는 주식을 추격 매수하지 않는다.

펀더멘탈인 PER, PBR은 기대감보다는 중시하지 않는다.

PER이 낮은 주식을 사기는 쉽다. 하지만 향후 사업 환경이 악화되거나 모멘텀이 없어서 저가인 채로 방치되어 있는 종목은 승산이 없다.

도쿄증권거래소 1부는 기본적으로 사업 내용을 중시하지만, 거기에 기술적인 타이밍을 우선한다.

신흥시장은 재료+기술적 분석으로 우선 기술적 분석을 통한 눌림목에 매수한다. 신흥은 실적보다 재료가 우선시되므로 인기 종목 중 추세가 눌림목인 것을 노린다.

이렇게 하면 큰 실패는 하지 않는다.

오랜 세월 주식 투자를 하고 있지만, 위험을 무릅쓴 매수는 절대 하지 않는다.

63

매수한 주식은
내려간다고 생각하라

'내가 샀더니 떨어졌다'라는 식으로 생각하는 투자자가 결코 적지 않다.

그것은 부화뇌동식 매매를 했기 때문이다.

주식을 사려면 그 나름의 판단 기준, 다시 말해 투자 철학이 있어야 한다.

그게 없으면 아무리 주식 거래를 많이 해도 매매를 통한 학습이 이루어지지 않는다.

이 책에서는 추격 매수를 금하고 있는데 주식의 추세에는 반드시 등락이 있으며 최대한 **상승하는 도중의 눌림목에 사야 한다.**

상승 추세의 눌림목이라고 인식한다면 1일, 2일의 움직임에 갈팡질팡해서는 안 된다.

추세가 바뀌지 않는 한, 기다리면 하락한 것에 대해 압도적인 상승 국면이 있으므로 오래 기다리지 않아도 수익이 날 때가 찾아온다.

만약 '내가 사면 꼭 내린다.

그것도 오랫동안'이라는 생각이 사실이라면, 당신은 일상적으로 '고점 매수', '상투 매수', '연속적인 상승일 때 매수'라는 과오를 범하고 있다는 말이다.

그 투자 방침, 투자 습관은 반드시 고쳐야 한다. 그렇지 않으면 이기는 투자자가 되기 힘들다.

남들이 다 사니까 사는 게 아니라 그 주식을 산 이유를 논리적으로 설명할 수 있는가?

그 점을 곰곰이 생각하기만 해도 잘못이 줄어들 것이다.

내가 평소 하는 것은 '엄청난 소외주'에 주목했다가 바닥을 쳤을 때 사는 기법이다.

소외주는 정보가 여기저기서 흘러나오지 않는 만큼, 남의 말에 휘둘리지 않는다.

시간은 걸리지만 실패가 적다.

'유령과 주가는 조용한 곳에 나온다'는 유명한 격언이 있는데 주식 거래는 고독하게 해야 한다. 남이 움직이지 않을 때 행동하는 굳은 신념과 객관적 자료가 필요하다.

그렇지 못하면 주식 투자로 당신이 기대하는 성과를 낼 수 없을 것이다.

64

엔고를 역이용하여
기회를 잡는다

일본 기업의 사업 스타일은 자원이 적으므로 해외에 제품을 수출하거나 해외에 공장을 지어서 수익을 내는 방식이 많다.

그래서 달러 결제인 기업은 엔고 현상으로 손에 쥐는 돈이 줄어든다는 부정적 측면이 있다.

엔고 국면에는 수출 관련주가 약세를 보인다.

그러나 최근에는 **엔고 저항력을 갖고 있는 기업이 상당하다.**

물론 엔고일 때는 표면상으로는 그만큼 마이너스다. 따라서 주가가 하락한다.

여기에 수출 비율이 높은 종목을 꼽아봤는데, 그 기업이 전부 실적이 나쁜 것은 아니다.

예를 들어 수출 비율이 100%인 미쓰이해양개발(6269)는 해외에서 부채식 운유생산저장설비를 건설해 안정적인 수익을 내고 있다. 그런데 엔고 현상으로 PER이 10배 정도 저평가되어 있다.

또 소형건설기계주인 다케우치제작소(6432)는 수출 비율이 97%로 매우 높고 엔고 때문에 자동적으로 주가가 하락했다.

그러나 미국 등의 주택 건설 등으로 수출액이 늘고 있으며 실적도 좋고 배당 수익금도 높여가고 있다. 그런 이유로 PER은 8배로 대단히 낮다.

왜 그런가 하면 마이너스가 되는 환율로 굳이 매수할 필요가 없기 때문에 기관투자자가 별로 선호하지 않기 때문이다.

하지만 실은 엔고일 때 꾸준히 저평가된 주가일 때 사 모으고 있다.

엔저로 바뀌어 주가가 상승한 국면에서는 펀드가 수익 실현에 나설 것이다.

엔저가 되어 주가가 오르고 나서 사는 개인투자자에게는 아무리 생각해도 승산이 없다.

그러므로 저가로 방치된 엔고일 때야말로 '사놓고 묻어두는 때'라고 생각해 행동하는 것이 주식으로 확실하게 수익을 낼 수 있는 방법이다.

신흥 시장에서는
실적보다 꿈을 좇는다

개인투자자가 즐겨 매매하는 것은 주가 변화율이 큰 신흥 시장 종목이다. 마더스, 자스닥이 대표적이다. (한국의 경우는 코스닥이 이에 해당)

다만 신흥 시장의 주식 특징을 파악해 놓지 않으면 따끔한 맛을 볼수 있다.

먼저 신흥 시장은 도쿄증권거래소 1부와 어떤 점이 다를까?

도쿄증권거래소 1부에 상장된 종목에 되려면 자본금은 물론 주주수, 발행주식수, 시가총액, 영업이익, 현금흐름 등에서 통과해야 하는 엄격한 기준이 있다. 그러나 신흥 기업을 대상으로 이보다 느슨한 기준으로 상장해 주려는 의도에서 마더스와 자스닥이 생겼다.

그러므로 배당이 없는 것은 물론이고 적자 결산 기업이 수도 없이 많다. 하지만 기업이 하는 사업이 앞으로 수익을 낼 것이라고 기대되고 미래에 필요로 하는 분야이므로 잘 되면 주가가 10배, 20배로 뛰어오르는 것도 꿈은 아니다. 이것이 신흥 시장이다.

한편으로 주가를 밀어 올렸던 재료가 소멸하거나 잘 안 되어서 정체되면 주가가 10분의 1로 쪼그라들 가능성도 있다. 이 또한 신흥 시장이다. 가장 전형적인 것이 바이오 관련주다.

암치료약이나 재생 의료가 유명하지만 처음에는 거액의 자금이 필요하므로 적자는 물론 배당금 따위는 꿈도 꾸지 못한다.

투자자도 그 점을 잘 알고 주식을 산다. 그들이 그 주식을 사는 이유는 '기대감'과 '꿈' 때문이다.

물론 성공해서 안정적인 이익을 내고 도쿄증권거래소 1부, 2부로 격상하는 기업도 얼마든지 있다.

신흥 시장에 투자하는 것은 종목의 경영에 관한 다양한 정보, 특히 **그 기업이 지향하는 사업의 달성도에** 주목해야 한다.

그것이 구체성을 띠기 시작하면 주가가 안정적으로 상승한다.

*http://minkabu.jp

도미노식 하락을
예방한다

어떤 인기 종목이나 인기 테마주가 하락하면 그 종목의 손질이나 신용의 평가손을 메우기 위해 관련주나 다른 종목도 덩달아 매도된다.

이것이 **도미노식 하락**이다. 최근에는 선바이오의 급락에 의해 바이오주와 신흥 시장의 주가가 줄줄이 하락했다.

선바이오와 다이니혼스미토모가 공동 개발했던 만성기 뇌경색 치료에 대한 임상 시험이 실패로 끝났고 주가가 급락했다. 물론 완전 실패는 아니지만 일시 12,000엔이었던 주가가 하한가 연속으로 최종적으로 2,800엔까지 하락하다가 멈추었다.

이 급락을 맞고 다른 문제가 없는 바이오주들이 줄줄이 매도되었고 다른 업계의 신흥 종목까지 하락하는 현상이 벌어졌다. 그러니 동일 업종 주식은 한 바구니에 담지 않는 것이 좋다.

시장에는 인기 종목의 주변 종목에는 투자하는 사람이 많으므로 개인투자자 등은 신용 거래를 메우기 위해 다른 종목을 파는 일이 있는데 이것이 '도미노식 하락'을 유발한다.

NY 시장의 하락이나 다른 전체적인 하락과 개별 종목의 악재로 말미암은 하락과는 성질이 다르다. 이 상태가 진정이 되면 매수 기회로 쓰일 수도 있지만 일단은 차분히 관망하지 않으면 쓴맛을 볼 수 있다.

원래 투자 대상을 특정 종목군이나 테마로 좁히면 악재가 나왔을 때 손실을 크게 입는다. 도미노식 하락을 방지하기 위해서라도 가능한 한 다른 테마에 분산 투자하는 것이 현명하다.

선바이오(4592) ↑ 하락으로 도미노식 하락한 나노캐리어(4571) ↓

*http://minkabu.jp

꿈은
실망시킬 수도 있다

제약 스타트업은 기대감도 크지만 실패하기도 한다.

주위 분위기에 휩쓸려서 사면 엄청난 손해를 입을 수도 있다는 점을 알아야 한다.

아큐셀라잉크(4589)라는 제약 스타트업의 '인기와 폭락'에 관해 짚고 넘어가자.

안질환 치료약을 개발해 일약 화제가 된 기업으로 한 때는 세계 최대의 제약 스타트업이 된다는 평가를 받으며 주가는 7,700엔을 찍었다.

그러나 그 뒤 마이너스 뉴스가 나와 6일간 하한가를 맞고 1,100엔까지 하락해 결국 상장 폐지가 되었다.

무시무시한 주가의 움직임을 상징하는 종목으로 꼽힌다.

이 종목의 움직임을 보면 5,000엔을 넘고 나서 인기가 몰려 매수가 매수를 불러들여 강세 일변도로 올라갔다.

그러나 치료약 개발이 실패했다는 뉴스가 터지자마자 주가는 음전하여 대폭락했다.

꿈에 대한 기대감이 있다는 것은 바꿔 말하면 엄청난 실적에 대한 기대가 있다는 말이며 적자여도 사람들은 그 기업의 주식을 매수한다.

특수 환상 펩티드 의약품을 제조하는 인플루엔자 등의 임상 실험을 목표로 했던 펩티드림(4587)은 실적은 향상되고 있지만 과도하게 고점에 매수되어 PER이 무려 187배이다. 이것은 대형제약회사 등과의 제휴라는 재료가 있기 때문이며 아직 실현되지 않은 꿈이 높이 평가되어 5,000엔대부터 6,000엔대의 주가를 찍고 있다. 실패했다는 이야기가 없으므로 주가는 높은 수준을 유지하고 있다.

현실화되지 않은 '꿈'이 반영된 전형적인 예다.

바이오의 비극이 일어나기 전의 덧없는 꿈이라고도 할 수 있다.

*http://minkabu.jp

휴지조각이 된
미쓰이자동차의 부활에서
배울 점

기업 활동에는 다양한 위험 요소가 있다. 그런 상황에서 어떻게 생존하고 성장하는가가 기업에 주어진 과제다.

고객만족도는 기업 활동의 근간이다. 고객이 있어야 기업이 존재한다.

미쓰이자동차(7211)는 그 점에서 지울 수 없는 오점을 남겼다.

도요타, 닛산, 혼다에 이어 매출 4위였던 미쓰이자동차가 70만대에 달하는 자동차의 결함을 속이는 '리콜 은폐'를 하고 있었고 직원의 내부 고발로 수면에 떠오른 것은 2000년대 초였으며 그 뒤에도 불상사가 끊이지 않았다.

전대미문의 일로 기업은 고객의 신뢰를 잃었고 존망의 기로에 처했다.

약 20년을 거쳐 지금은 주가가 6,000엔대를 유지하지만 한 때는 50엔대(주가보정 전)로 폭락, 파산 가능성이 점쳐지기도 했다.

생각해보면 낭연한 일이다.

사람의 생명을 담보로 하는 자동차 업체가 중대한 리콜 안건을 국가에 신고하지 않고 내부적으로 처리했다.

기업으로서 신용이 땅에 떨어졌다. 주가는 휴지조각과 다를 바 없었다.

다만 여기가 판단이 필요한 시점이다.

미쓰이라고 하면 일본을 대표하는 재벌이자 그룹 내에 우량 기업이 한둘이 아니다. 보통 기업이라면 파산하는 것이 당연하지만 미쓰이는 '썩어도 준치'다.

나는 이 기업은 살아남을 것이라고 생각했다.

미쓰이은행을 비롯한 재벌 그룹이 지원 사격을 할 것이라고 보았다. 아니나 다를까 미쓰이UFJ은행, 미쓰이중공 등의 지원을 받아 소생했다.

그 결과 주가는 'V자 반등'을 이루었다.

나는 50엔대에서 사서 1년 만에 2배가 되었다. 1만주를 사서 50만 엔이 100만 엔이 되었다.

최악의 시기에 최악이 된 주가가 어떻게 되는지는 그 배경에 있는 기업 그룹의 결속이 어떤지 살펴보면 알 수 있다.

정보망이 있는
주식을 사라

어느 종목으로 승부할지는 손익의 갈림길에 선 것이나 마찬가지이므로 신중해야 한다.

기본적으로 증권 분석가나 평론가가 권하는 '추천 종목'은 염두에 두지 않는 것이 좋다.

상시 확인하는 종목은 많다고 좋은 것이 아니다.

나는 자신의 경험에서 잘 아는 분야나 좋아하는 분야가 투자 성공률이 높다고 생각한다.

나는 대학에서 정치경제를 공부했지만 고등학교에서는 전기통신을 배웠으므로 전기 관련주나 통신주에 관심이 있다.

또 거품경제기에 부동산 투자로 성공해 하치오지(八王子)에 거주했을 무렵에는 고액납세자 명단에 게재되었을 정도였으므로 부동산 관련 기업이나 서비스에 관한 종목은 잘 알고 있으며 안심하고 투자할 수 있다. 정보망도 많기 때문에 손을 떼야 할 시기도 적확하게 판단할 수 있다.

주식에 관한 정보 중 중요한 것은 **신문이나 인터넷상으로 만인이 알게 되기 전에 세상의 움직임에서 직접 느낄 수 있는 위치를 활용해 유리하게 종목을 선정하고 시점을 재는 것**이다.

나는 원래 병약한 체질로 의료 분야에도 경험이 많으므로 오노약품 등의 의료 정보에 밝다.

그 안테나와 감각도 활용하고 있다.

그 외에 특별한 정보수집망을 갖고 있는 것은 아니다.

주식 어플이나 야후파이넌스, 트위터 등 개인투자자들이 잘 쓰는 툴을 이용해 매매한다.

야후파이넌스 등의 주식 사이트에서는 세계의 주가에 더해 각 종목의 다양한 주가 정보와 차트를 보고 때로는 매매대금 순위를 보며 종목을 찾기도 한다. 물론 숫자뿐 아니라 사이트의 종목 정보로 실적 동향과 그 기업이 갖고 있는 과제와 기대감을 확인한다.

이 작업을 우직하게 매일 반복할 뿐이다.

누구나 자신이 하고 있는 일이나 취미, 관심 분야가 있을 것이다.

그 강점을 살리면 주식 투자에서 유리하게 싸울 수 있다.

중요한 것은 **전문 트레이더와 상대해서 이길만한 자신의 안테나가 있는 분야가 있어야** 한다.

7장

투자 전략의
신이 되는
14가지 법칙

시장이 붕괴되어 가장 매력적인 가격이 되었을 때는 오히려
주식을 투기적이라고 위험하게 인식하고, 반대로 시장이 상승해서
위험한 수준이 되었을 때는 실제로 투기를 하면서도 투자라고 착각한다.
벤저민 그레이엄 (Benjamin Graham)

과거에서 배워라. 하지만 과거는 반복되지 않는다.

시장은 때로
틀린다는 전제로
생각하라

　주식 시장의 주가 변동은 수급 관계에서 성립하고 다양한 요소로 주가가 움직인다.

　그 요인을 몇 가지 들자면 다음과 같다.

- 인기가 있다
- 실적이 좋다
- 시장 전체의 주가가 상승하고 있다
- 흥미로운 재료가 있다

　개별 종목이 양호한 상태에서는 '매수'를 원하는 투자자가 늘어나므로 파는 사람보다 사고 싶은 사람이 많아 주가가 상승한다.

　다만 시장에 큰 영향을 주는 펀드는 이미 앞에서 말했듯이 결산이 있으며 투자자의 사정에 의한 해지도 있다.

　이 때문에 주가가 변동한다.

　그러므로 여러 조건이 갖추어져 있지만 주가가 오르기는커녕 오히려 수익 확정 때문에 밀리는 일이 있다.

3월이 결산인 일본의 경우 2월에 주가가 고점을 찍고 내려와 3월 중순에 저점이 되는 경향을 보인다.

시장은 여러 복잡한 요소가 있으므로 이론적으로 움직이지 않으며 때로 변덕스러운 움직임을 보인다.

이것에 놀라서 황급히 투자하면 사람이 있는데, 수익을 내기는커녕 적절한 타이밍을 잃고 손실을 입는다. 그 뒤 '팔았더니 올랐다'라는 듯이 무심히 주가가 상승한다.

내가 팔면 오르는 현상이다.

이때 중요한 것은 내가 그 주식을 샀을 때의 신념을 잊지 않고 당황하지 않고 보유하는 것이다.

그만한 여유가 없으면 시장에서 이길 수 없다.

지금은 단기 거래를 하는 사람들이 많지만 주식으로 크게 자산을 늘린 사람은 성장주를 선별해 장기적으로 보유해 몇 배로 불린 사람이다.

살 때의 방침과 계획을 종목별로 메모해두는 좋은 습관을 기르자.

그렇게 하면 **당장 한때의 변동으로 허둥지둥 사고팔지 않는다.**

차분히 배당금으로 생활할 수 있는가도 저금리 시대에서는 중요한 투자 방침이다.

뉴스가 터졌을 때는
사지 않는다

앞에서도 말했지만 재료가 나오거나 좋은 뉴스가 터져 급상승했을 때는 100퍼센트 매도 타이밍이다.

최소한 매수할 때는 아니라는 점을 명심하기 바란다.

일반적으로 영업 이익 증대나 신상품 개발 같은 뉴스가 나오면 주식 초보자들의 매수세가 몰린다.

또 증권사도 고객에게 그런 종목을 추천해서 수수료를 챙길 좋은 기회다.

주식 매수를 권유할 때 '상승 종목이다', '재료가 있다'라는 이유를 붙이면 일단 설득력이 있기 때문이다.

하지만 펀드를 운용하는 전문가들에게 그때는 매도해서 수익을 실현할 시점이다.

즉 매수할 때가 아니다.

기관투자자는 쌀 때 꾸준히 조금씩 사 모았다가 거래량 급증으로 단숨에 수익을 낸다.

개인투자자도 전업투자자에게 지지 말고 저가에 주식을 사 모았다가 고가에 파는 습관을 길러야 한다. 절대로 고점에서 잡는 어리석은 행위는 하지 말자.

예부터 내려온 주식 격언에 '**소문에 사서 뉴스에 팔아라**'는 말이 있다.

뉴스(사실)가 발표되면 보통은 매수세가 들어오므로 승리자는 그때를 수익을 낼 기회로 노려보며 기다리기 때문이다.

최근에는 바이오 신약개발기업인 온콜리스바이오파마(4588)가 개발 중인 암에 대한 바이러스 요법에서 중외제약과의 업무 제휴를 발표해 상한가를 친 적이 있다.

그러나 이미 발표 전부터 오르고 있었으며 뉴스가 터진 다음에 산 사람들은 상투를 잡았다.

문제는 '소문'의 시점에서는 불투명한 점도 많아서 매수하기 힘들다.

그러나 차트의 추세선을 확인해 보면 정보가 빠른 기관이나 외인 등이 미리 조금씩 사 모으고 있어서 주가가 조금씩 오르고 있을 것이다. 추세선을 속일 수는 없다.

이 추세선을 보고 수급이 꾸준히 들어오고 있음을 확인하는 것이 관건이다.

항상 여유 자금을
확보하라

주식 투자에서 승패를 좌우하는 것은 운용처나 운용 방법도 있지만 가장 중요한 것은 '평정심'이다.

예를 들어 '주식 투자에 넣은 자금이 주가가 하락해서 줄어들면 3개월 뒤 생활하는 데 지장이 생기는' 식의 빠듯한 투자는 틀림없이 실패한다.

극단적으로 '없어도 상관없다' 정도로 마음의 여유가 없으면, **주가 변동에 대해 의연하지 못하다.**

주가가 떨어지면 밤에 잠이 오지 않는 상태로는 투자가 잘 되기는커녕 건강을 해칠 수도 있고 우울해진다.

그럼 여유 자금의 기준이 무엇일까? 일단 '용도가 정해진 돈'이 아니어야 한다.

생활비는 물론 교육비, 집세, 교제비, 주택담보 상환이자 등. 그 돈을 주식으로 운용해서 늘리려 했다가는 대부분 실패로 끝난다.

또한 용도가 정해지지 않아도 **월수입의 6개월분은 손대지 말아야 한다.**

월수입이 40만 엔이라고 하면 6개월분인 240만 엔은 손대지 않는다. 남는 자금으로 투자한다.

"그렇게 하면 남는 돈이 어디 있어."

이렇게 말하고 싶겠지만 그런 돈을 쏟아붓는 사람이 많기 때문에 '개미가 주식으로 돈을 벌지 못하는' 것이다.

정년퇴직을 한 사람이라면 현금과 예금의 20%까지만 주식 투자에 충당해야 한다.

이것은 어디까지나 이상론이지만 '없어지면 곤란한' 돈으로 주식 투자를 해서는 안 된다.

주식 투자는 원금 보장이 되지 않기 때문이다.

고수익 고위험 금융 상품이 주식 투자다. 크게 벌기도 하지만 기업이 파산하기라도 하면 한 푼도 못 건질 수 있다.

특히 샐러리맨으로서 사회생활을 하는 사람은 **제 돈을 들여서 승부하는 것에 익숙하지 않다.**

손실에 대한 압박감을 강하게 느끼는 것이다.

이 점을 명심하고 투자에 임하지 않으면 성공하지 못한다.

주가가 오르건 내리건 크게 신경 쓰지 않는다. 이 정도의 배포를 갖고 투자하면 좋은 성과를 낼 수 있을 것이다.

같은 재료에
집중하지 마라

    요즘 주식은 100주 단위로 살 수 있게 되면서 선택의 폭이 넓어졌다. 한국의 경우 단주 거래도 가능하다.

    주당 1,000엔대의 주식도 있고 키엔스나 패스트리테일링(유니클로)처럼 6만 엔 이상인 주식도 있다.

    100만 엔 정도의 자금으로 여러 개를 살 수 있는 1,000~2,000엔 사이의 종목도 많다.

    주식을 살 때는 **한 종목에 집중하지 말고 여러 개의 유망한 테마로 분산해서 투자하는 것이 정석이다.**

    그렇게 해야 리스크를 최소화할 수 있다.

    아무리 유망한 종목으로 보여도 어떤 일이 생길지 알 수 없는 것이 기업 활동이다. 산요전기나 도시바, 샤프의 추락을 누가 예상이나 했을까.

    한두 기업에 집중해서 그 기업과 운명공동체가 되는 것은 위험 요소가 너무 많다. 펀드나 연금자금 등이 여러 종목으로 분산 투자를 하는 것은 수익보다는 '위험 회피 대책'이라는 점을 생각하자.

분산 투자에 '달걀을 한 바구니에 담지 마라'는 말이 있다.

달걀은 쉽게 깨진다. 한 바구니에 담았다가 바구니를 떨어뜨리기라도 하면 전부 깨질 것이다.

주식도 한 기업에 투자하면 그 회사의 부침에 자금이 좌우되어 심리적으로 견디기 어렵다.

되도록 여러 기업에 분산 투자함으로써 '외수가 부진해도 내수가 있다'는 식으로 생각하자.

물론 급등하는 종목이 있어서 그것을 소량만 샀을 때 좀더 사둘 걸 그랬다고 아쉬워할 수는 있다.

그러나 그것은 '어쩌다 그렇게' 된 일이며 매수할 때 그 일을 확신할 수는 없었을 것이다.

분산 투자를 하면 종종 대면하게 되는 일이며 주식은 원래 그런 것이라고 생각하는 것이 좋다.

한 번에 매매를
결정하지 않는다

주식 투자에는 수많은 격언과 교훈이 있는데 오랜 역사 속에서 경험을 통해 이어져 내려온 무게감이 느껴진다.

'매수매도를 한 번에 하는 것은 무분별한 행위다. 두 번에 사고 두 번에 팔아라.'

이것도 유명한 말이다.

인간은 욕심 많은 존재다. 주가가 올라가 거래량이 늘어나면 매수 욕구에 휩쓸려 충동적으로 사버리고 만다.

반대로 하락 국면에서는 팔고 싶은 충동이 나와 견디지 못하고 '전량 매도'를 누른다.

그것이 적절한 시점일 수도 있지만 대체적으로 나중에 후회한다. 그런 일을 피하려면 분할 매매가 필요하다.

나눠서 사고 나눠서 판다.

이 행동이 확률을 높이기 때문이다.

한 치 앞의 주가는 아무도 알 수 없지만 어느 정도 예측을 할 수는 있다. 그 예측이 빗나갈 때도 많지만 나중에 후회하지 않기 위해서는 분할 매매를 하는 것이 바람직하다.

매매 방법에 달러 코스트 평균법(DollarCostAveraging)이 있다.

매월 같은 금액으로 주식을 사면 주가가 하락했을 때 많이 살 수 있고 주가가 상승했을 때는 적게 사게 된다.

합리적인 방법으로 매입 평균 단가는 낮아진다. 매수 단가가 낮으면 주가가 올랐을 때 수익이 나기 쉽고 안정적인 이익을 쌓을 수 있다.

이 방법이 매수 시점을 늘릴 수 있다.

완벽하게 분할 매수를 할 필요는 없지만 일단 한 번에 승부하지 않아야 한다.

사는 타이밍은 바닥을 찍고 반등할 때.

파는 타이밍은 과도한 매수 신호가 나오기 직전에 분할 매도.

우직하게 이 원칙을 지키면 이익이 날 것이다.

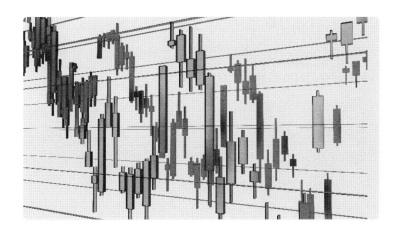

75

최악의 상황은
매수 기회가 왔는데
여유 자금이 없을 때

앞서 달러 코스트 평균법 이야기를 했는데, 주식을 매수하는 시점은 '지금'만 있는 게 아니다.

주가는 항상 변동한다. 개별 종목의 요인뿐 아니라 NY주가의 변동이나 지정학적 리스크로도 움직인다. 바꿔 말하자면 지금이 아니라도 매수 기회는 얼마든지 있다는 말이다.

'정기예금을 해지해서라도 사고 싶은데.'

하지만 그렇게 생각하는 지금이 사실은 주가가 비쌀 때일 수도 있다.

사고 싶다고 생각하는 것은 종종 주가가 쑥쑥 오르면서 사지 않으면 손해라는 분위기가 조성되는 때이기 때문이다.

'아무도 쳐다보지 않는다.'

이런 때야말로 매수 타이밍이다.

자신이 샀을 때보다 훨씬 더 주가가 떨어져 같은 관련 업종의 종목도 '이렇게 싸단 말인가'라는 때가 있다.

분명히 매수해야 하는 주가다. 그러나 충동구매 결과, 있는 돈을 전부 써버려서 정작 사야 할 때 예수금이 없는 일이 많다.

그렇게 되지 않기 위해서라도 보유 주식은 계좌에 들어 있는 자금의 60% 정도로 하고 매수 기회가 찾아왔을 때 대응할 수 있는 상태를 유지해야 한다.

주식의 향후 방향을 완벽히 읽을 수는 없으므로 자금을 잘 활용해서 여러 번에 걸쳐 저가 주문을 하여 최대한 평균 단가를 눌러서 사는 것이 좋다.

주가가 반등하면 순조롭게 팔 수 있다.

이것을 반복하면 된다.

그것이 주식으로 이기는 사람의 투자 방침이다.

단기 승부를
장기로 돌리지 마라

76

데이트레이더가 하기 쉬운 실수가 단타가 잘 되지 않아서 수익 실현 기회를 놓쳤을 때 손실이 난 종목을 그날 정리하지 않고 스윙트레이드 나 장기 투자로 바꾸는 것이다.

손실을 입고 싶지 않다. 이렇게 두면 상승해서 이익이 나겠지.

그 마음은 알지만 권하고 싶진 않다.

왜냐하면 어떤 종목으로 단타를 하는 것은 그 종목이 인기를 모아 거래량이 늘었을 때다.

즉 절정기에 매매하는 것이다.

그것을 다음날로 넘기고 장기 투자로 돌리는 것은 인기가 없어진 종목을 계속 가져가는 것이나 다름없다.

기술적인 면에서도 하락 추세가 되는 것이 대부분이다.

그런 식으로 하면 실패하는 주식이 산처럼 쌓이고 손실 자금이 점차 늘어나 총 손실도 늘어난다.

절대로 권하고 싶지 않다.

만약 자신이 '꽂힌' 종목이 있다면 하락 추세에서 상승으로 전환될 때를 기다렸다가 재투자하는 스타일이 가장 놓은 성과를 낼 것이다.

단기 투자에서 실패했을 때는 한번에 처분해서 기회가 많은 종목으로 재투자하는 편이 자금을 유용하게 돌릴 수 있고 심리적으로도 편하다.

손실을 본 주식은 방치하기보다는 깔끔하게 처분하라.

항상 쓸데없는 종목을 없애고 투자 방침에 따라 도전해야 한다.

원래 장기로 가져가도 좋은 종목은 제로 금리 시대의 운용에 충당하는 고배당주 뿐이다.

그 외는 눌림목에 사서 고가에 파는 데 충실하자.

그것이야말로 주식으로 이익을 얻을 수 있다.

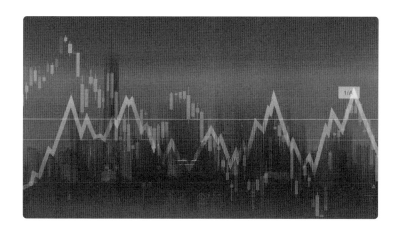

77

충동 매매하지 말고
이해가 될 때까지
조사한다

주식을 사고파는 시점을 정하기란 정말 어려운 일이다.

하지만 여기서 중요한 것은 '부화뇌동 매수'를 하지 않는 것이다.

우량기업이 어떤 사건이나 전체적인 주식 시장이 혼란에 빠져 의도치 않은 조정 국면을 맞이했을 때. 그때가 '매수 기회'다.

주가는 상승만 하지 않는다. 반드시 혼란의 시기가 온다.

물론 경영 실태가 위험한 종목은 아무리 하락해도 매수할 만한 매력이 없다. 그러나 우량주가 '덩달아 하락'했을 때는 매수해야 한다.

문제는 언제 살 것인가.

평소에 점찍어놓은 우량기업의 차트를 보고 이 종목은 어디까지 떨어지면 바닥인지 그 지점을 미리 파악해두자.

트레이너들의 일상을 보면 대체로 40에서 50종목의 차트를 검증하고 있다고 한다. 주식으로 먹고살며 살아남고 승부에서 이기기 위해서는 그 정도로 평소 노력해야 한다.

또 조사하고 싶으면 개별 종목을 인터넷으로 검색하면 된다.

자기 돈만 굴리는 개인투자자도 적당한 감만으로 주식 거래를 하면 안 된다.

매매에 들어가기 위해서는 그 나름의 뒷받침될만한 논리를 갖추고 '여기서 사서 여기까지 오면 판다'는 시나리오를 써가면서 행동해야 한다.

충동적인 투자 스타일로는 '이겼다가 졌다가'하는 동안 바람직한 성과가 나오기 힘들다.

정보를 모아서 대기했다가 바닥권에서 사서 어느 정도 이익이 나면 빠져나온다.

이렇게 납득할 수 있는 스타일로 거래하기를 바란다.

급등 시에는
뒷날을 생각해
현금화한다

개인투자자가 잘하는 '패배하는 패턴의 투자 스타일'이 있다.

주가가 급등해 거래량이 늘어났을 때 왠지 묘한 용기가 생겨서 매수하는 것이다.

그러나 **급등·거래량 급증일 때는** 그전에 저가 매수했던 사람들이 수익을 실현하는 시점이지 신규 매수할 시점은 아니다.

거래량이 늘어나는 것은 그만큼 고점에서 붙잡는 사람이 많거나 프로그램 매매로 주가의 자잘한 변동을 이용해 수익을 내려는 움직임이 있기 때문이다.

급등 시에는 어디까지는 '수익 실현 시점'이지 매수 시점은 아니라는 것을 기억하자.

만약 보유 종목이 급등해서 거래량이 늘어나면 망설이지 말고 보유한 상당수의 주식을 매도해 현금화하자.

이제 당신도 잘 알겠지만, 나는 주식 거래를 할 때 PER이나 PBR을 참고하는 것보다는 차트, 즉 기술적 기법을 중시한다.

'매도세가 과열되었을 때' 사서 매수세가 과열되면 무조건 팔아치운다.

어디가 고점인지는 아무도 알 수 없다.

그러나 '**무릎에서 사서 어깨에 팔아라**'라는 말이 있듯이 자신의 목표라고 할까, 어느 정도 이익이 확보되면 적당히 먹고 나오는 것이 좋다.

'더 많이 벌 수 있었는데'라는 욕구는 결과적으로 수익을 빼앗고 도로 아미타불로 만든다.

그렇게 되지 않기 위해 주가가 거래량을 동반하며 상승할 때는 서서히 수익을 실현하는 것이 차선이다.

줄 때 먹어야 한다.

또 다음이 찾아올 것이라고 믿고 눌림목을 기다리는 투자 스타일이 바람직하다.

저가 매수를 위한
물타기를 하지 마라

앞으로 상승하리라고 예상하고 산 종목이 떨어졌다.

하지만 이것은 일시적 조정일지도 모른다.

오히려 추매할 기회다.

그렇게 생각하며 주가가 살짝 오르자 **추격 매수한다.**

또는 하락하고 있는데, **저가 매수랍시고 추매한다.**

이것은 저가에 매수하려고 하는 투자자가 저지르기 쉬운 실수다.

그러나 자금이 점점 줄어들면서 주가가 더욱 하락했을 때는 손실이 부풀어 올라 공포심에서 주식을 팔아치워서 손실을 낸다.

즉 **물타기를 했지만 손실은 더욱 커진다.** 이런 어리석은 짓은 하지 말아야 한다.

평균 단가를 낮추고 싶은 마음에 상승할 전망이 희박한 곳에 돈을 쏟아붓는다.

이렇게 할 수 있는 사람은 자금이 남아도는 사람뿐이다.

개인투자자에게는 자금 여력에 한계가 있다.

그러므로 당황한 상태에서 '물타기'는 절대로 해서는 안 된다.

앞에서 말한 바닥 확인을 한 시점에서 매수해야 한다.

단순한 물타기 버릇과는 달리 이성적인 기술적 분석을 통한 판단이므로 손실을 증대하는 실수가 아닌 가까운 시일 내에 반등을 기대할 수 있다.

오히려 같은 종목이나 같은 종목군으로 주식을 늘리는 것은 위험하다. 물타기를 통한 저가 매수는 최소한도로 하고 예수금을 늘리는 것도 한 방법이다.

물타기가 아닌 바닥을 다진 뒤 매수하면 오르는 새로운 종목을 선정하는 편이 심리적으로는 편하다.

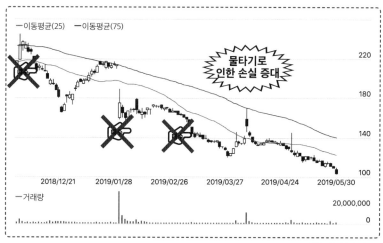

*http://minkabu.jp

중장기 추세에
따라라

주가의 움직임, 추세에는 개별 종목이나 종목군에 따라서 나름의 특징이 있다.

전체적으로 상승세를 타고 있는가, 반대로 하락세인가, 아니면 횡보인가.

종목에 따라 추세가 다르다. 그 추세는 기업 실적과 미래에 대한 전망, 인지도에 따라 다양하다.

장기적으로 상승세를 타고 있다면, 그 종목은 눌림목을 노려야 한다.

예를 들어 광고업계의 이인자인 하쿠호도(2433)의 주가는 장기적으로 안정적으로 상승하고 있다.

물론 단기적으로는 500엔 정도의 상승과 하락이 있지만 최고가 2,000엔을 찍은 뒤 2,000엔을 돌파하고 3,000엔을 향해 상승하고 있다.

경영 환경은 혹독하지만 주가 추세는 장기적으로 안정적으로 상승하고 있으므로 불안하지 않은 종목이라 할 수 있다.

이렇게 우상향하는 종목도 눌림목은 반드시 있다.

각각의 종목의 특성이나 그때까지의 추세를 확실하게 머릿속에 넣어두고 '어디서 사서 어디서 팔 것인가'라는 눈으로 살펴보며 작전을 짜는 것이 좋다.

또 일정하게 박스권에서 움직이는 종목도 있는데 이것은 저가가 오기를 기다렸다가 매수해 고가를 보고 수익을 확정하면 된다.

모든 것은 작전이 있어야 하며 주먹구구식인 매매는 결코 성공하지 못한다.

이점을 부디 명심하자.

*http://minkabu.jp

81

불확실한 시장에서는
매매하지 않는다

주가의 움직임은 때로 설명하기 힘든 양상을 보일 때가 있다.

가령 이유 없는 폭락이 있다. 특히 NY 주가는 갑자기 폭락하곤 한다. 큰 정치적 뉴스는 없는데 '대중 전략에 대한 불확실한 느낌' 등으로 해설하는 일이다.

이런 시장에서는 전문가도 설명하기 어려운 상태이므로 펀드 은은 등은 'risk off'의 태세를 취한다.

불확실한 국면은 위험하므로 일단 자금을 빼서 돌아가는 상태를 보겠다는 것이다.

이때 성공한 투자자들이 기본적으로 하는 행동이 있다.

그것을 들자면,

- 레버리지를 최소한으로 한다.
- 한번에 매수하지 않는다.
- 안이한 공매도를 하지 않는다.
- 만일 현금이 없을 때는 대단히 저평가된 종목으로 갈아탄다.

당연한 일이지만 위험한 다리는 건너지 않는 것이 상책이다.

전망이 확실하게 된다면 어떻게 투자할지 결정할 수 있지만 '어떻게 될지 잘 모르는 하락'에서는 그곳이 바닥인지 추가 폭락이 기다리고 있는지 알 수 없다. 예를 들어 리먼브라더스 사태가 일어났을 때도 블랙먼데이에서도 하락의 시작은 불확실한 움직임이었다.

그 뒤 본격적으로 하락하기 시작해 컴컴한 터널 속에서 모든 종목이 추락하고 이윽고 바닥을 찍었다.

그 뒤 서서히 반등해 겨우 그때가 바닥이었음을 알 수 있다.

황급한 저가 매수는 추가 폭락으로 손실을 볼 수 있으니 조심해야 한다. 개인투자자의 강점은 '무조건 항상 주식 거래를 해야 한다'는 입장이 아니라는 점이다.

그러니 무리한 투자 행위를 삼가자.

82

손절 원칙을 가지면
전 재산을 잃지는 않는다

개인투자자는 종종 세력주(작전주)에 손을 대서 자신이 매수했더니 폭락하는 국면에 마주친다.

나도 작전주를 좋아하는 편이라 때때로 거래를 한다.

주가의 등락폭, 즉 변동이 커서 주식 거래하는 맛이 있다.

적은 자금으로 크게 벌 기회가 있으므로 성격이 급한 나와 잘 맞는다.

주식 투자를 하려면 '자신의 성격과 맞는 방법으로 투자하는 것'이 중요하며 그렇게 해야 이길 확률이 커진다.

작전주에 손을 대서 자산이 줄어들었다고 한탄하는 사람이 많은데 그것은 욕심을 부려서 손절하는 습관이 없는 사람들의 중얼거림이다.

이것은 실패담이지만 보안 관련주를 샀을 때의 일이다. 실적이 뒷받침하는 것도 아니고 세력이 붙어서 상승했넌 종목으로 승부했었는데, 플러스 30만 엔이 되었을 때 신이 나서 밥을 먹었다.

그리고 돌아와 스마트폰을 보고 깜짝 놀랐다.

하한가를 맞은 것이다.

내 수익은 0이 되었다.

예상 밖의 하락은 즉각 손을 떼는 것이 내 방침이다.

수익은 매도를 하지 않는 한 화면상의 이익일 뿐이다.

빠져나올 때 깔끔하게 빠져나오지 않으면 스멀스멀 다가오는 하락에 당해서 자금을 효율적으로 굴릴 수 없다.

나의 손절 원칙은 **급격한 장대음봉**이다. 몇 퍼센트 하락하면 손절한다가 아니다.

음전하면 즉각 도망친다.

움직임이 빠른 종목의 투자는 '삼십육계 줄행랑이 승부를 가른다.'

이렇게 하면 다른 종목에서 재도전할 수 있다.

세력주로 재산의 90%를 잃었다는 사람이 있었는데, 그것은 손해가 증대되는 것을 방치하고 '꼭 원금을 찾을 테다'라는 확증 없는 기대감으로 승부하기 때문이다.

주식 거래에서 올바른 것은 눈앞의 주가의 변동뿐이다.

내일이나 모레의 주가는 아무도 예측할 수 없다.

실패는 아직 얕을 때 철수하지 않으면 주식 투자에서 살아남을 수 없다. 추격 매수하거나 안이한 기대감은 아무 도움이 되지 않는다.

이 점을 명심하자.

83

투자를 시스템화하여
수익을 내자

주식 투자는 이기기도 하고 지기도 한다.

중요한 것은 수익이 난 거래에 대해 손실을 최소화하는 것이다.

적게 벌어서 크게 손해를 보면 의미가 없다.

내가 예전에 산 종목 중에 저가 스마트폰 관련인 니혼통신(9424)이 있다. 이 종목으로 나는 많은 수익을 냈다.

도쿄증권거래소의 매매대금 상위에 어느 날 갑자기 얼굴을 내밀어서 크게 사업을 한 종목이지만 이 주식도 '기대감 선행', '세력'에 의해 움직인 종목이었다.

내가 한 작전은 **주가가 하락했을 때 저가에 분할 주문을 내어 최대한 싸게 산다**. 여기까지는 하락하지 않을 것 같은 가격에도 주문을 낸다.

몸이 가벼운 소형주인 경우 갑자기 하한가를 치기도 하므로 이 방식이 유리하게 매수할 수 있었다.

그러다가 단가를 유리하게 해서 **주가가 급등하면 즉시 수익을 확정한다.**

이렇게 해서 50만 엔, 100만 엔의 이익을 단기간에 얻을 수 있었다.

저가로 사모아서 고점에 팔았으니 운이 좋았다고 할 수도 있다.

주식 매매에 자기 사정을 끼워 넣을 여지가 없다. 골프 라운드 중에 티샷을 중단하고 매도한 적도 있다.

그러나 이 종목도 영원히 거래할 수는 없었다.

저가 스마트폰으로 이익이 증대하는 것이 아니라 도코모의 통신망을 이용해 저렴하게 제공해서 수익을 내는 비즈니스 모델이 주목받았기 때문이었다.

인기가 분산되자 아무도 쳐다보지 않는 '소외주'가 되었다.

매수 종목은 맹목적으로 선택하면 안 된다.

눈앞의 가격 변동 패턴을 능숙하게 이용하고 만족하면 다른 곳에서 승부한다, 새로운 움직임을 보이는 종목으로 이동하는 것이 현명하다.

8장

지정학적 리스크에 대처하는 8가지 법칙

인간이 이성을 잃고 있을 때,
당신이 이성을 잃지 않는다면, 당신은 부를 쌓을 수 있다.
마크 린치 (Mark Lynch)

항상 각국의 중앙은행의 동향과 정반대 쪽에서 승부를 걸고
현실 세계에서 승부해야 한다.
짐 로저스 (Jim Rogers)

NY 시장의 움직임에
즉시 반응하라

아침 뉴스에서는 오늘의 닛케이평균 주가와 NY다우평균 주가를 함께 보도한다.

다우평균 주가는 일본의 닛케이평균225와 비슷한 것이지만 마이크로소프트, 애플, 맥도날드, 코카콜라 등 **누구나 아는 세계적인 거대기업 30사로 구성되는 지수다.**

다우평균은 미국의 경제와 정치 동향을 여실히 반영한다.

고용통계, 국내총생산, 미국ISM제조업 경기감 지수, FOMC의 금리 정책 등의 지표가 정기적으로 발표된다. 그때마다 지수가 놓으면 다우평균이 오르고 시장이 마이너스라고 판단하면 다우평균이 하락한다.

정치 뉴스에도 영향을 받는다.

대중 정책의 결정, 특히 관세 증대를 눌러싼 트럼프 대통령의 발언 한마디에 주가가 요동친다.

다우지수의 급격한 하락은 일본뿐 아니라 세계 경제에 나쁜 영향을 준다.

주식의 신 100법칙

세계 최대의 경제 대국, 나아가 기축 통화를 발행하는 미국 경제의 영향은 대단히 크다.

그리고 미국의 경기 동향이 일본의 기업 활동, 나아가 일본인의 일과 임금에 영향을 준다.

NY 시장의 거래는 일본 시간 아침 6시경 마친다.

9시부터 시작하는 도쿄 시장에는 전날 움직임이 크게 영향을 준다. 그러므로 다우평균 주가가 요동쳤을 때는 주식 투자에서는 치밀한 판단을 하기 힘들다.

크게 떨어졌거나 크게 올랐을 때는 이것에 도쿄 시장에 영향을 받아서 움직이고 이어서 아시아의 타 시장과 유럽 시장도 움직인다.

리스크 회피를 위해서도 기민한 행동이 요구된다.

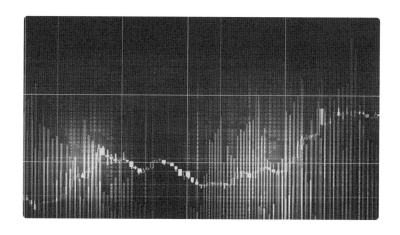

달러가 도망가는
시장은 쫓지 마라

달러는 모두 알고 있겠지만 세계 기축 통화다.

전 세계에서 통용되는 이 통화의 움직임은 주식 시장에 크게 영향을 미친다.

특히 일본에서는 수출이 경제에서 큰 비중을 차지하는 만큼 **엔 강세 달러 약세가 대단히 좋지 않은 영향을 준다.**

1달러 110엔대 전후인 요즘 엔고 기조에서는 내수 관련주가 상승하고 도요타를 비롯한 수출 관련주는 다소 약세를 보이고 있다.

트럼프 정권의 자국 보호주의 정책은 미중 무역 전쟁을 일으켰고 대 중국과의 무역 수지 불균형에서 오는 달러 약세, 무역 적자 개선 정책에 주력하고 있다.

이것은 수출 기업에 대단히 가혹한 상황이다.

앞으로는 미국의 저명한 애널리스트가 1달러 75엔이 온다고 하는데, 달러 약세 경향이 더욱 강해질 것이다.

그럴 때 일본 시장이 승기를 잡기란 상당히 어렵다.

마더스, 자스닥의 재료주는 별개이지만.

반대로 달러가 강할 때는 미국의 금리 인상이 있으며 경제 상황 또한 호전된다.

그러나 수출로 중국의 공세에 밀리는 미국은 중국의 추적을 두려워한다.

세계 최대의 경제 대국 미국도 마냥 낙관적일 수는 없다.

향후 달러의 동향, 엔 달러 환율의 움직임은 도쿄 시장의 수출 관련, 나아가 일본 경제의 동향에 크게 영향을 미칠 것이다.

도쿄 시장의 외인 점유율은 앞에서 말했듯이 선물 시장에서 70%를 차지하고 주식 현물에서도 60%를 차지하므로 달러를 조종하는 외인의 동향을 항상 주시해야 한다.

「FX」-*https://fx.minkabu.jp/

위안화가 주식 시장을
좌지우지한다

달러에 비해 별로 신경 쓰지 않았던 중국 통화인 위안화이지만 이것이 의외로 세계 경제와 주식 시장에 큰 영향을 주고 있다.

단순하게라도 그 구조를 알아두어야 주식 투자에서 실수를 하지 않는다.

위안화는 중국 정부에 의해 관리된 변동 환율이지만 '대 달러'에서 존재감을 드러낸다.

중국의 미국을 대상으로 한 수출량은 트럼프 대통령의 발언에서 알 수 있듯이 저가 제품이 미국 시장에 대량으로 유입되면 미국 경제를 악화시킬 뿐 아니라 저가 경쟁으로 말미암아 세계 경제에 '디플레 압력'을 가하게 된다.

또 중국의 무역 압력은 동남아시아 경제에도 악영향을 미치며 신흥국 경제를 정체시킨다.

중국은 2018년경부터 위안화 약세를 유도하고 있는데 위안화 약세 달러 강세 기조이면 중국기업의 이익이 증대한다.

이것은 미국 기업에는 부정적인 요소다.

'위안화 약세'에 대해 미국이 신경을 곤두세우는 것은 원래부터 불균형한 무역 수지에 대해 박차를 가해 미국 경제와 자유무역권의 이익을 깎아먹기 때문이다.

　이미 일어나고 있는 미국과 중국의 전면적인 무역 마찰의 향방은 주식 시장에도 영향을 미친다.

　위안화가 약세일 때 좋은 것은 중국 경제가 성장한다는 조건에 이득을 얻는 건설기계 업체인 고마쓰와 히타치건기, 야스카와전기, 화낙 등을 들 수 있다.

　다만 지금은 중국의 생각대로 일이 돌아가진 않고 있다.

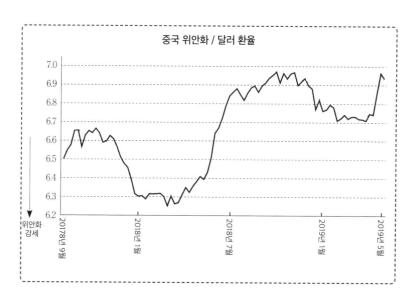

중국 위안화 / 달러 환율

유럽 경제를
간과하지 마라

미국, 중국과 나란히 주식 시장에서 주의 깊게 봐야 하는 것이 유럽 경제, 즉 EU의 동향이다.

일본은 유럽권과의 무역도 상당히 활발하며 경제적으로도 영향을 받기 때문이다.

그런데 EU가맹국 중 19개국이 유로라는 지역 결합 통화를 쓰고 있다.

미국 달러에 대항하는 준비 통화로서 조직되었지만 유럽에 가면 이 가맹국에서는 같은 통화이므로 여행을 하거나 경제 활동을 할 때 상당히 편리하다.

하지만 19개국(비공식 사용은 6개국, 지역)의 경제적인 상황과 능력을 도외시하고 공통화를 사용하는 것은 다소 무리가 있다.

예를 들어 예전에 문제가 되었던 그리스와 포르투갈, 이탈리아, 스페인 등도 재정에 문제가 있다고 하여 불안하게 여겨졌고 미국의 신용 등급 회사가 유로 사용국 중 프랑스 등 9개국의 등급을 낮췄다.

이렇게 여러 나라가 모인 집합체 경제에는 복잡한 문제가 내재되어 있으며 통화는 물론 주식 시장도 불안정하다. 이것이 세계 주가 동향에도 영향을 미친다.

NY 시장을 보면 충분하며 유럽은 신경 쓰지 않아도 된다는 생각은 다소 문제가 있다. 유로권의 문제는 NY 시장에 이어 도쿄 시장에도 영향을 미치기 때문에 주시해야 한다.

마쓰다, 리코, 히타치캐피탈, 캐논, 유리가공업체인 일본이타글라스 등이 대표적인 유로 관련주다.

유로의 움직임과 완전히 연동해서 움직이진 않지만 하나의 재료로 쓰이기 쉽다.

「FX」-*https://fx.minkabu.jp/

디폴트 뉴스를
무시하지 마라

세계 경제와 자금이 글로벌 규모로 움직이는 지금은 어떤 국가의 재정 위기가 대단히 큰 위험 요소로 작용한다.

과거에는 아르헨티나 이어서 그리스에 이 문제가 일어났는데, 이 디폴트에 관해 제대로 알아둬야 한다.

디폴트(채무불이행)는 그 나라의 재정난 때문에 국채 상환 기한이 도래해도 이행할 수 없는 것을 말한다.

디폴트는 고위험 국채에 발생하기 쉽다.

위험도가 높아지면 신용등급책정 기업이 국채 가격을 인하하기 때문에 더욱 불안 요인이 된다.

일본의 국채 등급도 한때 강등되었던 적이 있다.

국채 등급 강등으로 신용이 떨어지면 그 나라의 국채에 투자했던 사람들은 국채를 처분하고 도망친다. 그렇게 되면 통화가 매도되어 장이 폭락한다.

일종의 악순환이다.

그 나라의 통화 가치가 떨어지면 국민들도 예금을 인출해 안전한 통화로 바꾸려 하므로 은행에서 인출 소동(뱅크런)이 일어나기도 한다.

은행에는 모든 예금에 대한 현금을 갖고 있지 않으므로 심하면 폐쇄하는 위기에 빠질 수 있다.

일본 국채가 디폴트할 가능성은 별로 없지만 제로는 아니라는 점도 알아두자.

일본 영화 〈신 고질라〉에서는 고잘라의 습격에 의해 정부 기능이 마비되어 엉망이 된 도쿄에 핵폭격을 가하려는 미군이 대기하는 장면에서 주가 폭락과 환율 폭락, 디폴트를 예측하는 장면이 나오기도 했다.

고질라만 한 악재가 일본을 덮치면 있을 수 없는 일은 아니다.

일본뿐 아니라 어느 나라에건 금융 위기가 터지면 주가 하락 요인으로 작용해 관계가 없는 나라에도 영향을 미친다는 점을 기억하자.

원유가 주가를
움직인다

'유가가 상승했다, 하락했다'가 주가 동향의 재료로 언급된다.

유가가 오르면 주가가 오른다.

이것이 정석이다.

왜 그럴까?

두 가지 요인을 꼽을 수 있다.

하나는 산유국의 오일 머니가 주식 시장에 막대하게 유입되어 있다. 그러나 유가가 하락하면 산유국의 재정이 악화되어 운용자금을 인출해야 한다.

오일 머니의 투자처의 주체는 NY, 도쿄, 런던, 프랑크푸르트 등 경제적으로 안정된 선진국 시장이다.

그곳에서 오일 머니가 빠져나가면 주가는 당연히 하락한다.

반대로 유가가 오르면 운용 자금이 풍부해지므로 주식 시장에도 돈이 들어와 주가가 상승한다.

미국에는 세계적인 규모의 에너지 관련주가 많으며 국제적으로 활약하고 있다.

유가가 싸면 이 기업의 경영을 압박하므로 주가가 하락한다. 그것은 NY 시장의 주가 하락에 영향을 미치고 이어서 세계 주식 시장에도 타격을 가한다.

이것이 유가와 주가와의 상관관계다.

유가는 개별 기업에도 영향을 주며 일본의 에너지산업 주가에도 영향을 미친다.

이런 점을 고려하여 시장의 주가 흐름을 해석할 수 있어야 한다.

물론 유가만으로 모든 주가가 결정되진 않지만 주가와 유가의 연동성은 알아둬야 한다.

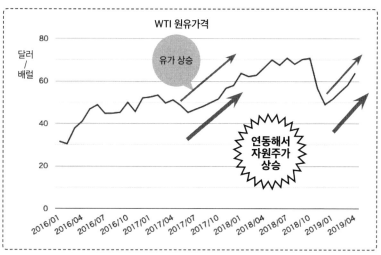

World Bank - Commodity Markets

90

정국이 불안하면
주가의 흐름이 바뀐다

정치체제 변화나 지도자 교체는 주가에 적지 않은 영향을 미친다.

그 시대의 리더와 정책은 연동되어 있으므로 **정책이 경기에 어떻게 영향을 미칠지 주가에 선반영되기 때문이다.**

미국을 예로 들자면 트럼프 대통령의 등장이 의외성을 갖고 받아들여서 시장에 '예상 밖', '불확실성'이라는 소리가 나왔다.

주가에 '불확실성'은 대단히 좋지 않은 요소로 작용한다.

앞으로 나빠질 것인가. 아니면 좋아질 것인가.

이것을 알 수 있다면 대처 방법을 강구할 수 있지만 불확실하면 컴컴한 터널 속에 있는 것이나 마찬가지로 투자자는 대응하기 힘들다.

그러므로 트럼프 대통령이 등장한 그날 주가는 급락했다. 선거 전의 과격한 발언으로 경계심이 증폭되면서 관망세로 돌아선 것이다.

그 뒤 주가는 반등했지만 정권 행방이 불확실하면 시장에서는 환영받지 못한다.

외국인 투자자가 60%인 도쿄 시장도 아베 정권의 움직임에 대단히 주목한다.

각료의 오점이나 아베 전권의 지지율 등락, 중앙은행 정책 등에 관해 투자 자금은 민감하게 반응한다.

개인투자자도 국내 정치 동향에 주목하면서 자금을 관리해야 한다.

그밖에 해외 정치 상황에도 주가는 다양한 반응을 보인다.

그 정권의 경제 정책이나 국제 정치 움직임을 잘 살펴보도록 하자.

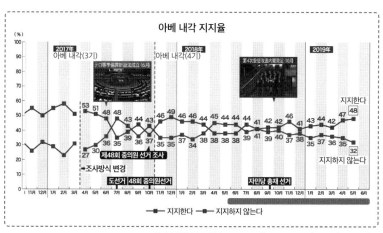

데이터·画像:NHK 선거 WEB https://www.nhk.or.jp/senkyo/shijiritsu/

91

북미 관계 뉴스는
방위 산업과 연관 지어라

지정학적 리스크와 주가와의 관계에서 말한다면 가장 미묘한 것은 북미 관계다.

북한이 이상한 움직임을 보이면 주가는 고사하고 국가의 존속과 생명, 재산에도 막대한 영향이 간다. 그러니 상투적인 말은 여기서는 삼가겠다.

최근 북미 관계와 닛케이225와의 관계를 보면 교섭이 잘 풀릴 때는 주가에 크게 영향을 미치지 않는다.

하지만 대체로 잘 안 되는 게 문제다.

그런데 긴장감이 고조되면 주가가 움직인다.

어떤 주가 움직이느냐 하면 **방위산업 관련주(방산주)다**.

이것도 세력이 있는지 북미 관계 악화와 북한의 위협으로 과연 실제로 그 기업들이 수혜를 받는지 의문이지만 **시장에서는 마치 공식처럼 그런 움직임을 보인다고** 알아두면 좋다.

가장 먼저 움직이는 것이 이시카와제작소(6208), 호와공업(6203), 호소야화공(4274) 등 주로 개인투자자가 매수 주문을 넣는다.

　물론 규모가 큰 미쓰이중공업이나 가와사키중공업, 일본제강소와 같은 주도 있지만 진짜 전쟁이 일어나는 것이 아니라 미국과 북한의 줄다리기 정도 단계에서 대기업의 주식이 변동하진 않는다.

　주식 시장의 큰손이나 펀드는 이런 종목은 취급하지 않으므로 북미 관계에서 일희일비하며 주가가 움직이는 세력들의 움직임이다.

　단타로 이익을 내길 좋아하는 사람은 해도 좋지만 기본적으로 투자의 왕도는 아니라는 것도 알아두자.

*http://minkabu.jp

9장

주식 거래로 패배하는 9가지 법칙

주식 투기라는 게임은 세상에서 가장 공평하고 매력적인 게임이지만, 이 게임은 태만하거나 감정을 제어할 수 없는 사람, 벼락부자가 되기를 원하는 사람은 절대로 이익을 낼 수 없다.

제시 리버모어 (Jesse Livermore)

이것저것 여러 종목을 거래하고 싶겠지만 그런 유혹을 뿌리칠 수 있도록 수련해야 한다. 그렇게 할 수 있게 되어 한두 종목, 많으면 세 종목으로 선별할 수 있게 되면 부를 쌓을 기회를 잡을 수 있다.

리처드 와이코프 (Richard D. Wyckoff)

92

시초가에 급하게 **매수한다**

도쿄 시장의 주가는 NY 시장의 주가에 비해 지지부진하게 움직이는 편이다. 다우평균 지수가 상승했는데, 도쿄는 내려가는 경우가 드물지 않다. 그뿐만이 아니다.

NY 시장의 호조 뉴스를 보고 매매한다고 해서 안전한 것은 아니다.

NY 시장이 상승으로 마감하면 도쿄 시장의 시초가는 대체로 높게 시작한다. 그 시점에서 다국적 펀드나 기관은 보유 주식을 팔아 수익을 실현한다. 그런데 개인투자자는 기관과 외인이 이익을 내는 시점에서 주식을 사들인다.

하지만 그다음에는 아무도 사지 않는다. 그래서 장이 열리자마자 호재에 반응한 주가는 추가 상승을 하지 못하고 줄줄 흘러내린다.

이것이 시초가에 개미가 물리는 전형적인 예다.

애플의 주가가 전날 밤 NY에서 상승하면 다음날 애플 관련주, 예를 들어 도쿄엘렉트론, 아더반테스트, 니콘 등이 시초에 상승한다.

그러나 그 뒤 쭉 상승하지 못하고 제자리로 내려가는데 이것은 시초에 세력이 '수익 실현 시점'으로 써먹었기 때문이다.

NY 시장의 움직임으로 서둘러서 매수하는 개인투자자는 언제나 고점에 물량을 받는 것이다.

시가와 고가가 같고 아랫꼬리를 동반한 음봉이 나오는 종목에는 패턴이 있다. 이점을 기억하자.

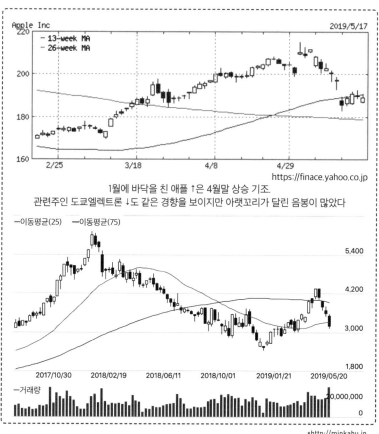

1월에 바닥을 친 애플 ↑은 4월말 상승 기조.
관련주인 도쿄엘렉트론 ↓도 같은 경향을 보이지만 아랫꼬리가 달린 음봉이 많았다

*http://minkabu.jp

93

성급한 손절로
황금알을 낳는 거위를 매도한다

어떤 종목이건 주가에는 반드시 거의 100% 확률로 등락이 있다.

수익을 내는 사람은 상승 추세의 조정 국면, 즉 하락에서 산다.

하지만 별 생각 없이 주식을 사는 사람은 주가에 기세가 있는 상승 국면에서 매수한다.

상승하는 기세를 타고 주식을 샀더니 **사자마자 조정이 찾아온다.**

하락하는 기세에 벌벌 떨면서 잘못 판단했구나 싶어 손절한다.

나도 초보자였을 때 그런 잘못을 여러 번 저질렀다. 무서워서 '사자마자 매도'를 반복해 자산을 점점 잃었던 기억이 난다.

왜 이렇게 되는가 하면 주식의 추세에 관한 공부를 하지 않았기 때문이다.

실은 10년쯤 선에 쓰디쓴 경험을 했다.

구직 및 이직 사이트인 딥(2379)에 투자했을 때의 이야기다.

내가 매수했을 때는 아직 1000엔대 주가였지만 세력의 '개미털기'가 심해서 유망한 주라고 알고 있었는데도 팔아버렸다.

그 뒤에는 다른 종목을 거래했다.

그런데 어느 날 딥의 주가를 보자 분할 전이었지만 무려 10,000엔을 넘어 있었다.

황금알을 낳는 거위가 될 수 있는 종목을 선별해서 보유했는데도 주가 변동을 견디지 못하고 놓아버린 것이다.

누구나 억 단위의 돈을 벌 기회를 이미 갖고 있다.

그럼에도 내가 사면 내려가는 식의 거래를 반복하는 것은 주식 공부를 하지 않은 상태에서 거래하고 기술적인 분석도 하지 않기 때문이다.

그 종목의 시장 가치와 경제 환경 속에서 얼마나 수익력이 있는지 제대로 파악해서 확신을 갖고 투자하면 조정이나 '개미털기'를 견딜 수 있었을지도 모른다.

주식으로 소정의 이익을 얻으려면 '인내심'과 장기적인 전망을 가져야 한다.

그것을 하지 않으면 아무리 돈을 쏟아 부어도 손실이 점점 커질 것이다.

주식 거래에서의 승패는 실로 종이 한 장 차이다.

94

주식을 갖고
오전 0시를 넘기지 않는다

주식 투자의 성공 여부는 기술적인 면도 있지만 그보다는 마음가짐
이 중요하다.

주식을 보유하면,

"오늘밤 NY증시가 하락하면 어쩌지?"

"회의가 있어서 호가창을 들여다보지 못하는데, 사건 사고라도 일
어나면 어떻게 하나."

이런 불안감이 생긴다.

주식을 산 그날 승부를 본다.

그렇게 마음먹고 거래하는 단타 거래자에게는 그런 불안이 없다.

하지만 '다음날로 넘기는' 즉 스윙트레이드를 하고 싶지만 밤에도
신경이 쓰여서 힘들어하는 사람이 있다면 그것은 마음을 다스리는 훈
련이 부족한 것이다.

유망한 종목은 외부 환경에 영향을 받기는 하지만 그때야말로 매수
하기 좋은 조정 국면이다.

이 정도의 마음의 여유가 없으면 주식 투자로 성공하기 어렵다.

장기적인 눈으로 보아 그 종목에 장기적인 전망이 있다면 단기적인 작은 변동에는 동요할 필요가 없다.

아마도 단타 거래자 중 대부분은 여러 날을 끌고 가는 거래 방식을 힘들어하는 사람이 많을 것이다.

펀드는 초단기 컴퓨터 매매도 하지만 면밀한 조사를 거쳐 장기 투자를 통해 성과를 낸다.

물론 투자에 절대적인 기준은 없지만 중기 추세와 거래량 추이, 신용 거래 등 필요한 정보를 확인하여 종목을 선별하고 투자 전략을 세운다면 **하루나 일주일간의 주가 변동에는 전혀 동요하지 않는 담대함이 있어야 한다.**

주식의 이익은 눈앞의 변동에 어떻게 대처하느냐로 승패가 갈리지만 시간을 들여서 주가를 크게 키우는 요소도 있다.

지금까지 크게 키운 중목은 대부분 올랐다 내리기를 반복하면서 우상향이 추세를 유지해 10배, 20배로 커졌다.

이런 관점을 가지는 것이 중요하다.

주가의 움직임에 따라
투자 방침을 바꾼다

투자에서 확실하게 이익을 불리려면 대상 기업의 주가와 사업 환경의 가능성에 관해 확고한 투자 스타일을 가져야 한다.

지금은 사물인터넷, 5G통신, 생활지원 로봇, 자율주행, 게놈 해석, 유전자 치료, 암 신약, 면역요법 등이 미래를 주도하는 테마로 꼽힌다.

이 분야에서 무섭게 성장하는 기업도 상당히 많다.

그중에서도 선두를 달리는 회사의 투자 가치는 대단히 크기 때문에 그 종목에 투자하면 나름의 수익을 비교적 쉽게 얻을 수 있다.

다만 이런 종류의 종목은 중간중간 문제를 겪은 끝에 밝은 미래에 도달하므로 어느 정도의 리스크와 시간을 들여서 대처해야 한다.

시간을 들여 대처하려면 그 회사의 경영 방침과 경영자의 자세를 제대로 파악해야 한다.

중장기 투자는 그 회사의 성장성, 기업 가치에 승부하는 것이므로 생각 없이 매매하는 것은 금물이다.

한 번 투자 방침을 결정하고 나서는 끝까지 그 방침을 지키겠다는 각오도 필요하다.

주식의 신 100법칙

소프트뱅크, 유니클로의 패스트리테일링, 니토리, 료힌게이카구. 이런 주가는 장기적으로 상승하고 있으므로 눌림목에서 사면 큰 자산을 손에 넣을 수 있다.

그러나 그런 결과를 손에 넣기란 쉽지 않다. 차트를 봐도 알 수 있지만 주가가 등락을 거듭하기 때문이다.

장기적으로 여러 악재와 호재를 겪으면서 계속 주식을 보유하면 크게 보답 받을 수 있다.

눈앞의 작은 등락으로 일희일비하고 있어서는 크게 수익을 낼 수 없다. 하락하면 '매수 타이밍'이라고 기뻐할 정도의 여유를 가져야 한다.

주식으로 크게 자산을 늘리고 싶다면 그 '기업'에 미래를 걸어야 한다.

호재가 터져서 손을 댔다가 생각처럼 안 되면 무서워서 도망치는 투자 방식은 이것저것 손대다가 죽도 밥도 안 되는 결과로 이어질 것이다.

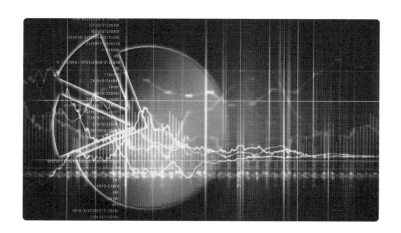

이자가 붙는 돈으로
주식을 산다

리스크가 큰 주식 거래로 자산을 불리는 것은 그리 쉽지 않다.

주식 투자로 성공하려면 '용도가 없는 자금'으로 해야 한다.

이른바 조만간 사용할 예정이 있는 자금, 이자를 내야 하는 돈으로 운용하는 것은 좋은 결과를 낼 수 없다.

되도록 없어도 되는 돈으로 투자하는 것이 바람직하다.

주가가 요동치고 투자 환경이 휙휙 바뀌어도 동요하지 않는 마음가짐을 유지할 수 있기 때문이다.

대부분의 사람들이 '이자를 내야 하는 돈이나 따로 쓸 일이 있는 돈으로 주식 투자를 한다.

처음부터 지는 팀에 들어간 것이나 마찬가지이며, 그런 사람이 자금 운용을 잘 할 리가 없다.

이자가 붙는 돈, 신용을 끌어서 기한이 정해져 있는 돈은 텐버거(열 배 수익을 가져다주는 주식) 종목을 끝까지 끌고 가기에 부적합하다.

신용 매매를 하면 3배로 운용할 수 있지만 손실도 3배다.

자신의 운용 능력을 초과하는 돈으로 주식 거래를 하는 것은 일이 잘되면 대박이지만 잘못하면 쪽박 차기 십상이다.

나는 그 무시무시한 거품 경제 시기에 투자하고 다른 사람들에게 수없이 조언했기 때문에 그 점에 대해서는 누구보다 잘 안다고 자부한다.

나의 사무실에 전화해 조언을 구하는 투자자들이 한 둘이 아니다.

주식 투자에 실패한 뒤 '어떻게 해야 하냐'고 묻는 내용이 많다.

그런 말은 이제 듣고 싶지 않다.

그러므로 2만 원 이하인 이 책을 읽고 몇 백만, 몇 천만 원의 손실을 회피하기를 바란다.

성공하는 사람은 욕심을 부리지 않는다. 감사하는 마음을 갖는다.

내가 가진 인생관이 주식 거래에도 투영된다.

남의 돈을 빌려서 일확천금을 노리는 마음가짐은 주식 투자에 적합하지 않다.

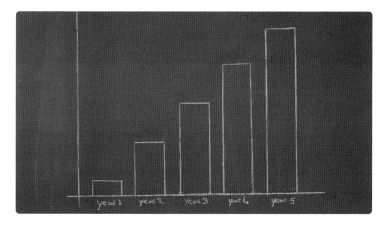

매일 주식 매매를
해야 한다면
당신은 매매 중독이다

주식 투자를 하는 사람의 대부분은 장이 열릴 때는 당연히 주가를 확인한다.

확인하면 사고 싶어진다.

또는 팔고 싶어진다.

이런 이유로 매매 중독이 된다.

증권사가 보기에는 수수료가 들어오므로 두 손 들고 환영할 일이지만 그렇게 쉽게 이익이 불어날 리가 없다.

주가에는 상승 추세와 하락 추세인 종목이 있다.

또 횡보하는 종목도 있다.

이겼다가 졌다가 하는 새 남는 것은 수수료 부담뿐이다. 이건 바람직하지 않다.

되도록 '내리면 사고 오르면 파는' 방식을 지키자.

물론 강한 상승 추세가 지속되면 많은 사람이 수익을 낼 수 있다.

'아베노믹스'가 시작했을 때 10종목을 샀던 사람은 상당한 이익을 냈을 것이다.

요컨대 추세에 잘 편승하면 수익이 날 확률이 커진다.

하지만 최근의 추세는 등락을 거듭하는 불안정한 움직임을 보인다.

이런 장에서 이기려면 **주식을 사고, 팔고, 쉬어야 한다.**

쉬는 것을 끼워 넣은 리듬을 익히지 않으면 좋은 성과를 내지 못할 것이다.

"내가 거래하는 종목만큼은 잘 될 거야"라고 자신만만한 사람도 있는데, 개별 종목은 '전체 주가의 움직임'에 크게 끌려 다닌다.

전체적으로 장이 하락하는 때에 적절한 타이밍을 노려서 매수하고 상승할 때 현명하게 수익을 실현한다.

이 리듬을 자신의 것으로 만들어야 한다.

최근에는 주식 거래를 해서 손실이 나는 날이 많다. 생각만큼 잘 되지 않는다.

그렇게 되었을 때는 일단 거래를 쉬고 차분하게 전체 시장을 지켜보는 것이 좋다.

매매 중독인 사람은 절대로 성공하지 못한다.

어떤 일이든 'On, Off'를 전환할 수 있어야 한다.

승리의 여신은 자신을 통제할 수 있는 사람의 팔을 들어주기 때문이다.

10종목
이상을 산다

호재인 뉴스를 듣고 매수했더니 손실이 났다.

어쩔 수 없이 매수한 그 종목은 내버려두고 다시 괜찮아 보이는 종목을 신규 매수한다.

'남의 떡이 커 보인다'는 식으로 이것저것 사지만 이미 오를 대로 올랐을 때다.

뭘 사도 잘 안 된다.

손실을 만회하려는 마음이 앞서서 더욱 변동성이 큰 종목을 사기 때문에 조금만 타이밍을 그르쳐도 마이너스가 되어 계좌 손실액이 점점 커진다.

어리석은 개인투자자의 안타까운 투자 스타일이다.

나도 예전에는 그런 식으로 거래했기 때문에 아주 잘 안다.

지금은 그게 어떤 문제가 있는지 말할 수 있다.

신규 종목을 선택할 때는 냉철해야 한다.

정했다면 **눌릴 때를 기다리면서 분할 매수 태세를 갖춘다.**

싸게 사기 위해 **호가 아래쪽에 지정가로 매수 주문을 한다.** 평균 단가를 최대한 낮춘다.

그러려면 10, 20, 30, 이런 식으로 수량을 늘릴 수 있는 주가 종목을 사야 한다.

그러는 동안 주가가 갑자기 상승한다.

그때는 전량 매도하지 않고 **서서히 분할 매도하여 수익을 실현**한다.

이처럼 수익이 나는 매매 방식을 익히면 주식 거래가 즐거워질 것이다.

이 전략은 투자 대상인 종목을 한 번에 3종목 정도로 좁혀서 실행하면 성공 확률이 올라간다.

저렴하게 매수해야 승산이 있다.

그러려면 여기저기 짤짤이로 자금을 흩어놓지 말고 저가 매수를 위해 자금을 준비해 놓아야 한다.

승부할 종목은 여유 자금의 금액에 맞춰서 결정하는 것이 바람직하다.

예를 들어 1,000엔짜리 종목을 한 번에 100주 산다고 하면 10만 엔이 있어야 한다. 예수금이 1,000만 엔일 때는 100주씩 10번을 살 수 있다. 이렇게 계획을 세워서 되도록 저가에 매수한다.

이런 방법으로 매매하면서 주가가 상승하기를 기다리자.

손절 라인을
지키지 않는다

주식은 오르기만 하지 않는다.

사업 내용이 아무리 훌륭하고 좋은 조건을 갖추고 있어도 세계정세나 지정학적 위험 등으로 주가가 폭락하는 일이 비일비재하다.

또 개별 종목도 호재가 있어서 상승하고 있는데, 어느 날 갑자기 청천벽력 같은 악재가 터지면 순식간에 폭락한다.

기업은 살아 있는 존재다. 우리가 알지 못하는 위험 요소가 언제 고개를 내밀지 모른다.

그렇다면 주가가 급락했을 때는 어떻게 해야 할까.

'손절'은 주식 투자에서 손실을 최소화하는 중요한 기법이다.

손절가를 잡을 때 그 사람의 철학이 드러난다.

손절이 없다는 원칙은 원칙이 아니다.

나는 상황에 따라 다르지만 5~10% 하락했을 때 손절을 한다.

그런데 5~10%는 금액이 아니다.

주가의 **추세선**이다.

장대음봉이 나타나거나 긴 윗꼬리가 달리면 손실이 별로 나지 않아도 미련 없이 자른다.

주가가 상투라는 신호가 나오면 **기계적으로 매도하는** 것이다.

주식 투자는 확률이다.

명백하게 확률이 낮은데, 그 종목에 자금을 묻어둘 이유가 없다.

그렇다면 더 흥미롭고 유망한 종목을 새로 선별하는 것이 훨씬 즐겁다.

주식 투자는 승부의 장이기도 하지만 '즐거운 투자'가 가능한가도 중요하다.

대체로 즐겁게 매매하면 성과도 잘 나온다.

즐겁게 돈을 운용해 데이터와 시장을 읽으면서 지적인 투자를 하자.

이것이 45년간 시장과 마주하며 거래해 온 나의 투자 철학이다.

남이 권하는 종목으로
매매한다

주식 투자 강의 등에서 개인투자자들이 많이 하는 질문이 '어떤 주식을 사면 좋은가'라는 말이다.

옛날에는 강사가 추천 종목을 말해주기를 기다렸다가 종목명이 나오자마자 증권사에 전화 주문을 넣었다. (지금은 스마트폰으로 주문을 넣을 수 있지만)

내가 쓴 책의 독자를 만나면 그들은 100% 이렇게 묻는다.

"어떤 주식이 오르나요? 찍어주세요."

정말로 바보 같은 광경이다.

물론 그때그때 유망한 종목이 없지는 않다.

하지만 종목명을 듣고 그 주식을 사도 주식의 장래성이나 매도 시점을 알지 못하면 수익을 실현할 수 없다.

그것은 타인이 떠먹여 준 '게으른 종목'이기 때문이다.

실패해도 반성하기는커녕 '그 인간이 알려준 종목은 맞을 때가 없어'라고 남 탓하기 바쁘다.

이런 투자자가 많기 때문에 주식전문가도 그때 유망한 테마와 종목을 주로 가르쳐 준다.

그렇게 하지 않으면 언론이 다루어주지도 않고 인기를 모으지 못하기 때문이다.

나도 옛날에는 라디오의 아침방송에 출연해서 반드시 아나운서가 추천 종목이나 주식 정보를 질문해서 답했다. 이런 속사정을 아니까 비판할 수도 없다.

주식으로 돈을 버는 것은 물론 종목, 즉 대상 기업을 사는 것이지만 차트를 살펴보면 솔직히 말해서 어떤 종목이든 수익을 낼 수 있는 때가 존재한다.

아니, 거의 어떤 때에도 상승 추세인데, 눌림목인 종목이 있다.

타이밍 좋게 눌림목에 사면 대체로 매수가보다 높은 단가에 팔 수 있다.

그게 전부다.

어떤 종목을 사야 하냐고 묻는 사람은 매매 시점에 관한 공부를 게을리하고 있다는 뜻이다.

(나는 하지 않지만) '이 종목은 오른다'고 알려주는 쪽의 함정에 빠져 손실을 볼 가능성마저 있다.

주식에 돈을 투자할 때는 누가 떠먹여주기를 기다리지 말고 자신이 직접 알아봐야 한다.

옮긴이 **오시연**

동국대학교 회계학과를 졸업했으며, 일본 외국어전문학교 일한통역과를 수료했다. 현재 에이전시 엔터스코리아에서 일본어 전문 번역가로 활동하고 있다.

주요 역서로는《통계학 초 입문》,《무엇을 아끼고 어디에 투자할 것인가》,《한 번 보고 바로 써먹는 경제용어 460》,《만화로 아주 쉽게 배우는 통계학》,《짐 로저스의 일본에 보내는 경고》,《치매 걸린 뇌도 좋아지는 두뇌 체조 드릴》,《인체 구조 교과서》,《로지스틱스 4.0》등이 있다.

주식의 神신 100법칙
이기는 투자의 백 가지 철칙

1판 2쇄 발행 2020년 10월 10일
1판 1쇄 발행 2020년 9월 18일

지 은 이 | 이시이 카츠토시
옮 긴 이 | 오시연
발 행 인 | 최봉규

발 행 처 | 지상사(청홍)
등록번호 | 제2017-000075호
등록일자 | 2002. 8. 23.
주　　소 | 서울 용산구 효창원로64길 6 일진빌딩 2층
우편번호 | 04317
전화번호 | 02)3453-6111 팩시밀리 02)3452-1440
홈페이지 | www.jisangsa.co.kr
이 메 일 | jhj-9020@hanmail.net

한국어판 출판권 ⓒ 지상사(청홍), 2020
ISBN 978-89-6502-293-0 03320

이 도서의 국립중앙도서관 출판시도서목록(CIP)은 e-CIP홈페이지(http://www.nl.go.kr/ecip)와 국가자료공동목록시스템(http://www.nl.go.kr/kolisnet)에서 이용하실 수 있습니다. (CIP제어번호: CIP2020034603)

세상에서 가장 쉬운 통계학 입문

고지마 히로유키 | 박주영

이 책은 복잡한 공식과 기호는 하나도 사용하지 않고 사칙연산과 제곱, 루트 등 중학교 기초수학만으로 통계학의 기초를 확실히 잡아준다. 마케팅을 위한 데이터 분석, 금융상품의 리스크와 수익률 분석, 주식과 환율의 변동률 분석 등 쏟아지는 데이터…

값 12,800원 | 신국판(153x224) | 240쪽
ISBN978-89-90994-00-4 | 2009/12 발행

세상에서 가장 쉬운 베이즈통계학 입문

고지마 히로유키 | 장은정

베이즈통계는 인터넷의 보급과 맞물려 비즈니스에 활용되고 있다. 인터넷에서는 고객의 구매 행동이나 검색 행동 이력이 자동으로 수집되는데, 그로부터 고객의 '타입'을 추정하려면 전통적인 통계학보다 베이즈통계를 활용하는 편이 압도적으로 뛰어나기 때문이다.

값 15,500원 | 국판(153x224) | 300쪽
ISBN978-89-6502-271-8 | 2017/4 발행

만화로 아주 쉽게 배우는 통계학

고지마 히로유키 | 오시연

비즈니스에서 통계학은 필수 항목으로 자리 잡았다. 그 배경에는 시장 동향을 과학적으로 판단하기 위해 비즈니스에 마케팅 기법을 도입한 미국 기업들이 많다. 마케팅은 소비자의 선호를 파악하는 것이 가장 중요하다. 마케터는 통계학을 이용하여 시장조사 한다.

값 15,000원 | 국판(148x210) | 256쪽
ISBN978-89-6502-281-7 | 2018/2 발행

통계학 超초 입문

다카하시 요이치 | 오시연

젊은 세대가 앞으로 '무엇을 배워야 하느냐'고 묻는다면 저자는 다음 3가지를 꼽았다. 바로 어학과 회계학, 수학이다. 특히 요즘은 수학 중에서도 '통계학'이 주목받는 추세다. 인터넷 활용이 당연시된 이 시대에 방대한 자료를 수집하기란 식은 죽 먹기이지만…

값 13,700원 | 신국판변형(148x210) | 184쪽
ISBN978-89-6502-289-3 | 2020/1 발행

영업의 神신 100법칙

하야카와 마사루 | 이지현

인생의 고난과 역경을 극복하기 위해서는 '강인함'이 반드시 필요하다. 내면에 숨겨진 '독기'와도 같은 '절대 흔들리지 않는 용맹스러운 강인함'이 있어야 비로소 질척거리지 않는 온화한 자태를 뽐낼 수 있고, '부처'와 같은 평온한 미소로 침착하게 행동하는 100법칙이다.

값 14,700원 | 신국판변형(148x210) | 232쪽
ISBN978-89-6502-287-9 | 2019/5 발행

돈 잘 버는 사장의 24시간 365일

고야마 노보루 | 이지현

흑자를 내는 사장, 적자를 내는 사장, 열심히 노력하는 직원, 뒤에서 묵묵히 지원하는 직원, 일을 잘하는 사람, 일을 못하는 사람 등 누구에게나 하루에 주어진 시간은 '24시간'이다. 이 책이 중소기업의 생산성을 높이는 데, 조금이나마 도움이 된다면 더 큰 바람은 없을 것이다.

값 14,500원 | 국판(148x210) | 208쪽
ISBN978-89-6502-288-6 | 2019/8 발행

생생 경매 성공기 2.0

안정일(설마) 김민주

이런 속담이 있죠? '12가지 재주 가진 놈이 저녁거리 간 데 없다.' 그런데 이런 속담도 있더라고요. '토끼도 세 굴을 판다.' 저는 처음부터 경매로 시작했지만, 그렇다고 지금껏 경매만 고집하지는 않습니다. 경매로 시작했다가 급매물도 잡고, 수요 예측을 해서 차액도 남기고…

값 19,500원 | 신국판(153x224) | 404쪽
ISBN978-89-6502-291-6 | 2020/3 발행

아직도 땅이다 : 역세권 땅 투자

동은주 정원표

부동산에 투자하기 전에 먼저 생각하고 또 짚어야 할 것들을 살피고, 이어서 개발계획을 보는 눈과 읽는 안목을 기르는 방법이다. 이어서 국토와 도시계획 등 관련 개발계획의 흐름에 대한 이해와 함께, 부동산 가치 투자의 핵심이라 할 수 있는 역세권 개발 사업에 대한 설명이다.

값 17,500원 | 국판(153x224) | 320쪽
ISBN978-89-6502-283-1 | 2018/6 발행

리더의 神신 100법칙

하야카와 마사루 | 김진연

리더가 다른 우수한 팀을 맡게 되었다. 하지만 그 팀의 생산성은 틀림없이 떨어진다. 새로운 다른 문제로 고민에 휩싸일 것이 뻔하기 때문이다. 그런데 이번에는 팀 멤버를 탓하지 않고 자기 '능력이 부족해서'라며 언뜻 보기에 깨끗하게 인정하는 듯한 발언을 하는 리더도 있다.

값 15,000원 | 국판(148x210) | 228쪽
ISBN978-89-6502-292-3 | 2020/8 발행

설마와 함께 경매에 빠진 사람들

안정일 김민주

경기의 호황이나 불황에 상관없이 경매는 현재 시장의 시세를 반영해서 입찰가와 매매가가 결정된다. 시장이 나쁘면 그만큼 낙찰 가격도 낮아지고, 매매가도 낮아진다. 결국 경매를 통해 수익을 얻는다는 이치는 똑같아 진다. 그래서 경매를 잘하기 위해서는…

값 16,800원 | 신국판(153x224) | 272쪽
ISBN978-89-6502-183-4 | 2014/10 발행

자기긍정감이 낮은 당신을 곧바로 바꾸는 방법

오시마 노부요리 | 정지영

자기긍정감이 높은 사람과 낮은 사람의 특징을 설명하고, 손쉽게 자기긍정감을 올려서 바람직한 생활을 할 수 있는 방법을 소개하고자 한다. 이 책을 읽고 나면 지금까지 해온 고민의 바탕에 낮은 자기긍정감이 있다는 사실을 알고 모두 눈이 번쩍 뜨일 것이다.

값 12,800원 | 사륙판(128x188) | 212쪽
ISBN978-89-6502-286-2 | 2019/2 발행

골프가 인문학을 만나다

이봉철

인생은 길과 같은 것이다. 또 골프는 인생의 축소판이다. 변신과 긴장, 요동치는 롤로코스트, 포기하지 않아야 한다. 골프평론가 그랜트 랜드 라이스는 골프에서의 테크닉은 겨우 2할에 불과하다. 나머지 8할은 철학, 유머, 로맨스, 멜로드라마, 우정, 고집 그리고 회화이다.

값 17,000원 | 신국판(153x224) | 304쪽
ISBN978-89-6502-285-5 | 2018/8 발행

치매 걸린 뇌도 좋아지는 두뇌 체조

가와시마 류타 | 오시연

이 책을 집어 든 여러분도 '어쩔 수 없는 일'이라고 받아들이는 한편으로 해가 갈수록 심해지는 이 현상을 그냥 둬도 될지 불안해 할 것이다. 요즘 가장 두려운 병은 암보다 치매라고 한다. 치매, 또는 인지증(認知症)이라고 불리는 이 병은 뇌세포가 죽거나 활동이 둔화하여 발생한다.

값 12,800원 | 신국판변형(153x210) | 120쪽
ISBN 978-89-90116-84-0 | 2018/11 발행

치매 걸린 뇌도 좋아지는 두뇌 체조 드릴drill

가와시마 류타 | 이주관 오시연

너무 어려운 문제에도 활발하게 반응하지 않는다. 단순한 숫자나 기호를 이용하여 적당히 어려운 계산과 암기 문제를 최대한 빨리 푸는 것이 뇌를 가장 활성화한다. 나이를 먹는다는 것은 '나'라는 역사를 쌓아가는 행위이며 본래 인간으로서의 발달과 성장을 촉진하는 것이다.

값 12,800원 | 신국판변형(153x210) | 128쪽
ISBN 978-89-90116-97-0 | 2019/10 발행

한의학 교실

네모토 유키오 | 장은정 이주관

한의학의 기본 개념에는 기와 음양론 오행설이 있다. 기라는 말은 기운 기력 끈기 등과 같이 인간의 마음 상태나 건강 상태를 나타내는 여러 가지 말에 사용되고 있다. 행동에도 기가 관련되어 있다. 무언가를 하려면 일단 하고 싶은 기분이 들어야한다.

값 16,500원 | 신국판(153x224) | 256쪽
ISBN978-89-90116-95-6 | 2019/9 발행

공복 최고의 약

아오키 아츠시 | 이주관 이진원

저자는 생활습관병 환자의 치료를 통해 얻은 경험과 지식을 바탕으로 다음과 같은 고민을 하게 되었다. "어떤 식사를 해야 가장 무리 없이, 스트레스를 받지 않으며 질병을 멀리할 수 있을까?" 그 결과, 도달한 답이 '공복'의 힘을 활용하는 방법이었다.

값 14,800원 | 국판(148x210) | 208쪽
ISBN978-89-90116-00-0 | 2019/11 발행

의사에게 의지하지 않아도 암은 사라진다

우쓰미 사토루 | 이주관 박유미

암을 극복한 수많은 환자를 진찰해 본 결과 내가 음식보다 중요시하게 된 것은 자신의 정신이며, 자립성 혹은 자신의 중심축이다. 그리고 왜 암에 걸렸는가 하는 관계성을 이해하는 것이다. 자신의 마음속에 숨어 있는 것이 무엇인지, 그것을 먼저 이해할 필요가 있다.

값 15,300원 | 국판(148x210) | 256쪽
ISBN978-89-90116-88-8 | 2019/2 발행

혈관을 단련시키면 건강해진다

이케타니 토시로 | 권승원

이 책은 단순히 '어떤 운동, 어떤 음식이 혈관 건강에 좋다'를 이야기하지 않는다. 동양의학의 고유 개념인 '미병'에서 출발하여 다른 뭔가 이상한 신체의 불편감이 있다면 혈관이 쇠약해지고 있는 사인임을 인지하길 바란다고 적고 있다. 또한 관리법이 총망라되어 있다.

값 13,700원 | 사륙판(128x188) | 228쪽
ISBN978-89-90116-82-6 | 2018/6 발행

얼굴을 보면 숨은 병이 보인다

미우라 나오키 | 이주관 오승민

미우라 클리닉 원장인 미우라 나오키 씨는 "이 책을 읽고 보다 많은 사람이 자신의 몸에 관심을 가졌으면 하는 바람입니다. 그리고 이 책이 자신의 몸 상태를 파악하여 스스로 자신의 몸을 관리하는 방법을 배우는 계기가 된다면 이보다 더 큰 기쁨은 없을 것"이라고 했다.

값 13,000원 | 신국판(153x225) | 168쪽
ISBN 978-89-90116-85-7 | 2019/1 발행

영양제 처방을 말하다

미야자와 겐지 | 김민정

인간은 종속영양생물이며, 영양이 없이는 살아갈 수 없다. 그렇기 때문에 영양소가 과부족인 원인을 밝혀내다 보면 어느 곳의 대사회로가 멈춰 있는지 찾아낼 수 있다. 영양소에 대한 정보를 충분히 활용하여 멈춰 있는 회로를 다각도에서 접근하여 개선하는 것에 있다.

값 14,000원 | 국판(148x210) | 208쪽
ISBN 978-89-90116-05-5 | 2020/2 발행

우울증 먹으면서 탈출

오쿠다이라 도모유키 | 이주관 박현아

매년 약 1만 명 정도가 심신의 문제가 원인이 되어 자살하고 있다. 정신의학에 영양학적 시점을 도입하는 것이 저자의 라이프워크이다. 음식이나 영양에 관한 국가의 정책이나 지침을 이상적인 방향으로 바꾸고 싶다. 저자 혼자만의 힘으로 이룰 수 없다.

값 14,800원 | 국판(148x210) | 216쪽
ISBN978-89-90116-09-3 | 2019/7 발행

경락경혈 103, 치료혈을 말하다

리즈 | 권승원 김지혜 정재영 한가진

경혈을 제대로 컨트롤하면 일반인들의 건강한 생활을 도모할 수 있음을 정리하였다. 이 책은 2010년에 중국에서 베스트셀러 1위에 올랐을 정도로 호평을 받았다. 저자는 반드시 의사의 힘을 빌릴 것이 아니라 본인 스스로 매일 일상생활에서 응용하여 건강하게 살 수 있다.

값 27,000원 | 신국판(153x225) | 400쪽
ISBN978-89-90116-79-6 | 2018/1 발행

심장·혈관·혈압 고민을 해결하는 방법

미나미 카즈토모 | 이주관 오시연

가장 흔한 질병은 고혈압이다. 고혈압 후보까지 합치면 60세 이상 중 절반이 심혈관 질환에 관련된 어떤 증상을 앓고 있다. 저자는 이 책을 심혈관 계통 질환에 시달리는 사람과 그 질환에 걸릴까봐 불안한 사람에게 직접 조언하는 심정으로 썼다고 한다.

값 13,500원 | 사륙판(128x188) | 200쪽
ISBN978-89-90116-06-2 | 2019/11 발행

무릎 통증은 뜸을 뜨면 사라진다!

가스야 다이치 | 이주관 이진원

뜸을 뜨면 그 열기가 아픈 무릎을 따뜻하게 하고, 점점 통증을 가라앉게 해 준다. 무릎 주변의 혈자리에 뜸을 뜬 사람들은 대부분 이와 비슷한 느낌을 털어놓는다. 밤에 뜸을 뜨면 잠들 때까지 온기가 지속되어 숙면할 수 있을 뿐 아니라, 다음날 아침에도 몸이 가볍게 느껴진다.

값 13,300원 | 신국변형판(153x210) | 128쪽
ISBN978-89-90116-04-8 | 2020/4 발행